레전드
영어
필수단어

랭귀지북스

NEW 레전드
영어 필수단어

개정2판 3쇄 **발행** 2024년 9월 1일
개정2판 1쇄 **발행** 2024년 4월 15일

저자	더 콜링_김정희·박윤수
감수	Colin Moore
기획	김은경
편집	이지영
디자인	IndigoBlue
삽화	서정임
성우	Mikaela Kingsbury·오은수

발행인	조경아
총괄	강신갑
발행처	랭귀지북스
등록번호	101-90-85278 **등록일자** 2008년 7월 10일
주소	서울시 마포구 포은로2나길 31 벨라비스타 208호
전화	02.406.0047 **팩스** 02.406.0042
이메일	languagebooks@hanmail.net
MP3 다운로드	blog.naver.com/languagebook

ISBN	979-11-5635-218-1 (13740)
값	18,000원

ⓒLanguagebooks, 2024

쉽고 재미있게 시작하는 **영어** 필수 **단어**

영어는 세계 어디에서나 통하는 언어로서, 필수 외국어입니다. 꼭 배워야 하는 언어라고 강조하는 자체가 군더더기죠! 요즘은 옹알이하는 어린아이 때부터 영어 교육을 시작하며, 그 열풍은 시간이 가도 식을 줄 모릅니다. 그렇게 열심히 시간과 노력, 비용을 투자하는데, 많은 사람들은 여전히 영어가 어렵다고 말합니다. 외국어 학습을 좋아하는 한 사람으로서, 왜 그럴까 생각해보니 아마 공부와 실생활에서 쓰는 영어가 달랐기 때문이 아닐까 싶습니다.

언어란, 학문이 아니라 생활에 필요한 실용적인 도구입니다. 그런 도구를 학문처럼 공부했으니, '아, 영어 공부 많이 한 것 같은데, 외국인 앞에만 서면 한없이 작아지는구나!'라며 탄식할 수밖에 없었던 것이 아닐까요? 그럼 이제 '나도 영어 잘하고 싶다'고 마음먹은 여러분! 늘 작심삼일로 처음 시작만 공부했던 책이 책꽂이에 가득 있는 여러분! 이번에는 내 입에서 영어가 자연스럽게 나올 수 있도록 해 보자 결단하고, 본 책을 통해 실천에 옮기기를 바랍니다.

본 책은 상황에 따라 적재적소에 쓸 수 있는 다양한 주제별 단어를 익히고, 예문을 살펴보며 내 실력으로 만들 수 있도록 구성되어 있습니다. 이 모든 것은 수준이 어려운 것보다는 꼭 필요한 것들로만 엄선했기에, 부담 없이 학습을 시작할 수 있습니다. 뭔가 거창한 시작보다는 작지만 꾸준한 발걸음으로 나아가세요! 그렇다면 영어에 자신 있는 내 모습이 곧 현실로 다가올 것입니다.

Steady wins the race! 꾸준함이 레이스에서 승리한다!

항상 좋은 파트너십으로 함께하는 내 오랜 벗 윤수, 시차를 무시하고 적극적으로 도와주는 든든한 Colin, 늘 조언과 격려를 아끼지 않는 김은경 실장님, 이 책이 출판될 수 있도록 힘써 주시는 랭귀지북스에 감사의 마음을 전합니다. 그리고 언제나 내 삶의 이유 되시는 하나님께 모든 영광을 돌립니다.

저자 더 콜링_김정희

영어권 나라에서 가장 많이 쓰는 필수 어휘를 엄선하여 모았습니다. 일상생활에 꼭 필요한 어휘 학습을 통해, 다양한 회화 구사를 위한 기본 바탕을 다져 보세요.

1. 영어 필수 어휘 약 2,700개!

왕초보부터 초·중급 수준의 영어 학습자를 위한 필수 어휘집으로, 일상생활에서 꼭 필요한 대표적인 주제 24개를 선정하였고, 추가로 9개의 주제를 포함하여 약 2,700개의 어휘를 담았습니다.

24개 주제별 어휘 학습 후 '꼭 써먹는 실전 회화'의 짧고 재미있는 상황을 통해 회화에서 실제로 어떻게 응용되는지 확인해 보세요. 그리고 각 챕터의 마지막에는 간단한 '연습 문제'가 있어 테스트도 할 수 있습니다.

2. 눈에 쏙 들어오는 그림으로 기본 어휘 다지기!

1,000여 컷 이상의 일러스트와 함께 기본 어휘를 쉽게 익힐 수 있습니다. 재미있고 생생한 그림과 함께 학습하는 기본 어휘는 기억이 오래 남습니다.

3. 바로 찾아 즉시 말할 수 있는 한글 발음 표기!

기초가 부족한 초보 학습자가 영어를 읽을 수 있는 가장 쉬운 방법은 바로 한글로 발음을 표기하는 것입니다. 영어 발음이 우리말과 일대일로 대응하지 않지만, 여러분의 학습에 편의를 드리고자 미국에서 사용하는 표준 발음과 최대한 가깝게 한글로 표기하였습니다. 초보자도 자신 있게 말할 수 있습니다.

4. 말하기 집중 훈련 MP3!

이 책에는 영어 알파벳부터 기본 단어, 기타 추가 단어까지 원어민의 정확한 발음으로 녹음한 파일이 들어 있습니다.

영어만으로 구성된 '**영어**' E버전과 영어와 한국어를 이어서 들을 수 있는 '**영어+한국어**' K버전, 두 가지 파일을 제공합니다. 학습자 수준과 원하는 구성에 따라 파일을 선택하여, 자주 듣고 큰 소리로 따라 하며 학습 효과를 높여 보세요.

MP3

blog.naver.com/languagebook

Contents 차례

기초 다지기

· 알파벳과 발음

미국에 관하여

✔ **국명** 미합중국(the United States of America 디 유–나이팃 스테잇 처(브) 어메리커, USA 유–에스에이), 50개 주와 1개 특별구로 이루어진 연방제 국가

✔ **위치** 북아메리카

✔ **수도** 워싱턴 D.C(Washington, District of Columbia)

✔ **언어** 공식 언어는 따로 없지만, 일부 주에서 영어를 공용어로 채택 사용 (영어 79.2%, 스페인어 12.9%, 기타 7.9%)

✔ **인구** 3억 3천만여 명(2024년 기준)

✔ **면적** 약 983만 ㎢(세계 4위)

✔ **GDP** $25조 4억 (세계 1위, 2024년 기준)

✔ **화폐** 미국 달러(USD 유–에스 달러)

* 출처: www.usa.gov, tradingeconomics.com

알파벳과 발음

영어의 알파벳은 26개입니다. 각각 대문자와 소문자가 있는데, 고유명사나 약자 등은 대문자로 표기하는 것이 일반적입니다. 그리고 알파벳은 우리말의 ㄱ, ㄴ, ㄷ처럼 한 가지 소리를 내는 것이 아니라, 여러 가지로 발음될 수 있기 때문에 각 단어에서 어떤 발음으로 쓰이는지 발음 기호를 확인해 볼 필요가 있습니다. 각 알파벳이 내는 대표적인 발음 위주로 알아보겠습니다.

1. **알파벳** Alphabet 앨퍼벳 `26개`   **MP3. U00**

A/a	B/b	C/c	D/d	E/e
에이	비-	씨-	디-	이-
arrow	**b**aby	**c**at	**d**og	**en**ergy
[애로우]	[베이비]	[갯]	[더억]	[에너쥐]
화살	아기	고양이	개	에너지
F/f	**G/g**	**H/h**	**I/i**	**J/j**
에프	쥐-	에이취	아이	제이
frog	**g**arden	**h**at	**i**mportant	**j**acket
[프러억]	[가-든]	[햇]	[임퍼-턴(ㅌ)]	[재킷]
개구리	정원	모자	중요한	재킷
K/k	**L/l**	**M/m**	**N/n**	**O/o**
케이	엘	엠	엔	오우
king	**l**emon	**m**ilk	**n**ame	**o**nion
[킹]	[레먼]	[밀(ㅋ)]	[네임]	[어년]
왕	레몬	우유	이름	양파
P/p	**Q/q**	**R/r**	**S/s**	**T/t**
피-	큐-	아알	에스	티-
piano	**q**uiz	**r**ibbon	**s**ki	**t**oy
[피애노우]	[쿠이(ㅈ)]	[리번]	[스키-]	[터이]
피아노	퀴즈	리본	스키	장난감

8

U/u 유-	V/v 비-	W/w 더블유-	X/x 엑스	Y/y 와이	Z/z 지-
ugly [어글리] 못생긴	volcano [바알케이노우] 화산	water [워-터] 물	box [박(ㅅ)] 상자	yellow [옐로우] 노란색	zoo [주-] 동물원

2. 발음

① **A a** [에이]

a가 낼 수 있는 발음 중, 가장 대표적인 [애]와 [에이]에 대해 연습합니다.

- [애] ask [애슼] 질문하다/ arrow [애로우] 화살/ ankle [앵클] 발목
- [에이] face [페이(ㅆ)] 얼굴/ race [레이(ㅆ)] 경주/ grace [그레이(ㅆ)] 우아함

tip. 그 밖에 about의 [어]라는 발음도 있습니다.

② **B b** [비-]

b는 단어에서 우리말의 ㅂ[비읍]과 비슷한 발음을 냅니다.

- [브] baby [베이비] 아기/ bear [베어] 곰/ book [붘] 책

③ **C c** [씨-]

c는 단어에서 [크]와 [쓰] 발음을 냅니다. 또 h와 붙은 ch는 [츠] 발음이 납니다.

- [크] cake [케잌] 케이크/ cup [컵] 컵/ cat [캣] 고양이
- [쓰] city [씨티] 도시/ ceiling [씨-링] 천장/ circus [써-커(ㅅ)] 서커스
- [츠] cheese [치-(ㅈ)] 치즈/ chair [체어] 의자/ change [체인쥐] 바꾸다

④ **D d** [디-]

d는 단어에서 우리말의 ㄷ[디귿]과 비슷한 발음입니다.

· [드] **d**og [더억] 개/ **d**esk [데스ㅋ] 책상/ **d**ress [드레(ㅅ)] 드레스

⑤ **E e** [이-]

e는 여러 가지 발음이 있지만, 대표적으로 [에]와 [이-]가 있습니다.

· [에] **e**nergy [에너쥐] 에너지/ **e**ight [에잇] 여덟, 8/ **e**mpty [엠티] (속이) 빈

· [이-] sh**ee**p [쉬입] 양/ d**ee**p [디입] 깊은/ tr**ee** [츠리-] 나무

⑥ **F f** [에프]

f는 우리말의 'ㅍ'도 아니고 'ㅎ'도 아닌 우리말에 없는 발음이라 편의상 [프]로 표기합니다. 윗니로 아랫입술을 살짝 물고 바람을 통과시키며 내는 발음입니다.

· [프] **f**rog [프러억] 개구리/ **f**ork [퍼-(ㅋ)] 포크/ **f**ish [피쉬] 물고기

⑦ **G g** [쥐-]

g는 단어에서 [그]와 [즈] 발음을 냅니다.

· [그] **g**ray [그레이] 회색/ **g**arden [가-든] 정원/ **g**ift [기픗] 선물

· [즈] **g**iraffe [저래(ㅍ)] 기린/ **g**iant [자이언(ㅌ)] 거인/ **g**entleman [젠틀먼] 신사

10

⑧ **H h** [에이취]

h는 단어에서 우리말의 ㅎ[히읗]과 비슷한 발음입니다.

- [흐] **h**at [햇] 모자/ **h**and [핸(ㄷ)] 손/ **h**ouse [하우(ㅅ)] 집

⑨ **I i** [아이]

i가 낼 수 있는 발음은 여러 가지지만, 그중 많이 쓰이는 [이]와 [아이]를 연습합니다.

- [이] **i**mportant [임퍼-턴(ㅌ)] 중요한/ **i**ll [일] 아픈/ **i**nk [잉(ㅋ)] 잉크
- [아이] dr**i**ve [드라이(ㅂ)] 운전하다/ b**i**ke [바익] 자전거/ **i**ce [아이(ㅆ)] 얼음

⑩ **J j** [제이]

j는 단어에서 우리말의 ㅈ[지읒]과 비슷한 발음입니다.

- [즈] **j**am [잼] 잼/ **j**ump [점(ㅍ)] 점프/ **j**acket [재킷] 재킷

⑪ **K k** [케이]

k는 단어에서 우리말의 ㅋ[키읔]과 비슷한 발음입니다. c의 [크] 발음과 같습니다.

- [크] **k**ing [킹] 왕/ **k**ey [키-] 열쇠/ **k**ick [킥] (발로) 차다

 tip. **k**nife [나이(ㅍ)]처럼 단어에서 발음이 나지 않는 k도 있습니다.

⑫ **L l** [엘]

l은 단어에서 우리말의 ㄹ[리을]과 비슷한 발음입니다.

· [르]　lemon [레먼] 레몬/ leg [렉] 다리/ lunch [런춰] 점심 식사

⑬ **M m** [엠]

m은 단어에서 우리말의 ㅁ[미음]과 비슷한 발음입니다.

· [므]　moon [무운] 달/ milk [밀(ㅋ)] 우유/ map [맵] 지도

　tip. 단어의 처음에 올 때는 [므]의 소릿값을 갖지만, mom [맘]처럼 m이 모음 뒤에 오면 우리말의
　받침 ㅁ이 됩니다.

⑭ **N n** [엔]

n은 단어에서 우리말의 ㄴ[니은]과 비슷한 발음입니다.

· [느]　name [네임] 이름/ number [넘버] 숫자/ new [누–] 새로운

⑮ **O o** [오우]

o는 다양한 발음으로 활용되는 모음입니다.
대표적인 발음으로 [아], [오우], [어]에 대해 살펴보겠습니다.

· [아]　out [아웃] 밖으로/ octopus [악터퍼(ㅅ)] 문어/ owl [아울] 올빼미

· [오우]　nose [노우(ㅈ)] 코/ tone [토운] 소리/ hole [호울] 구멍

· [어]　oven [어번] 오븐/ other [어더] 또 다른/ onion [어년] 양파

　tip. [어–] 발음의 ostrich [어–스츠리춰], orange [어–린쥐]도 있습니다.

⑯ P p [피-]

p는 단어에서 우리말의 ㅍ[피읖]과 비슷한 발음입니다. 앞서 배운 f의 발음과 차이가
있기 때문에 주의해야 합니다. p는 입을 다물고 있다가 힘 있게 [프]라고 합니다.

· [프]   pot [팟] 냄비/ party [파-티] 파티/ piano [피애노우] 피아노

⑰ Q q [큐-]

q는 단어에서 우리말의 ㅋ[키읔]과 비슷한 음이 나지만, 앞서 배운 c와 k의 [크]와는
차이가 있습니다. 일반적으로 q 뒤에 u가 오기 때문에 실제 [크우] 발음에 가깝습니다.

· [쿠이]   quiz [쿠이(ㅈ)] 퀴즈/ queen [쿠이인] 여왕/ quick [쿠익] 빠른

⑱ R r [아알]

r은 단어에서 우리말의 ㄹ[리을]과 비슷한 음이긴 하지만, 앞서 배운 l의 발음과 차이가
있습니다. r 발음 역시 우리말로 표기할 수 없는데, 혀를 동그랗게 말아서 혀끝을
입천장에 닿을락 말락 한 상태로 만들고 [르]라고 합니다.

· [르]   ribbon [리번] 리본/ rose [로우(ㅈ)] 장미/ rabbit [래빗] 토끼

⑲ S s [에스]

s는 우리말의 ㅅ[시옷]과 비슷한 발음입니다.
또 h와 붙은 sh는 바람이 새는 소리 같은 [쉬]라고 합니다.

· [스]   ski [스키-] 스키/ sofa [소우퍼] 소파/ sand [샌(ㄷ)] 모래
· [쉬]   shake [쉐익] 흔들다/ shop [샵] 가게/ shirt [셔-(ㅌ)] 셔츠

⑳ T t [티-]

t는 우리말의 ㅌ[티읕]과 비슷한 발음입니다. 또 h와 붙은 th는 혀끝을 이 사이에
물었다가 놓으면서 내는 [쓰]와 [드] 발음을 냅니다.

- [트] toy [터이] 장난감/ tiger [타이거] 호랑이/ tent [텐(ㅌ)] 천막
- [쓰] thumb [썸] 엄지손가락/ thief [씨-(ㅍ)] 도둑/ think [씽(ㅋ)] 생각하다
- [드] that [댓] 저것/ there [데어] 거기/ though [더우] ~이지만

㉑ U u [유-]

모음 u는 [어]와 [우-]가 대표적인 발음입니다.

- [어] up [업] 위로/ under [언더] 아래로/ ugly [어글리] 못생긴
- [우-] fruit [프루웃] 과일/ glue [글루-] 접착제/ June [주운] 6월

㉒ V v [비-]

v도 우리말로 표기할 수 없는 발음 중 하나입니다. f를 발음하듯이 윗니로 아랫입술을
살짝 물고 떨면서 바람 빼는 소리를 냅니다. 편의상 [브]라고 표기합니다.

- [브] vest [베슷] 조끼/ volcano [바알케이노우] 화산/ violin [바이얼린] 바이올린

㉓ W w [더블유-]

w는 편의상 [우]라고 표기하긴 하지만, [워]에 가까운 발음입니다.
[우] 하듯이 입을 내밀고 힘있게 [우어]라고 발음합니다.

- [우] wolf [울(ㅍ)] 늑대/ water [워-터] 물/ window [윈도우] 창문

㉔ **X x** [엑스]

x 는 대부분 단어의 끝에서 [크(ㅅ)] 소리가 납니다.

- [크(ㅅ)] a**x** [액(ㅅ)] 도끼/ bo**x** [박(ㅅ)] 상자/ si**x** [식(ㅅ)] 여섯, 6

tip. xylophone [자일러포운]처럼 x의 뒤에 모음이 올 때는 [즈] 발음이 납니다.

㉕ **Y y** [와이]

y 는 원래 자음으로 분류하지만, 모음의 역할도 하기 때문에 준모음으로 분류하는 경우도
있습니다. [이] 소리 뒤에 약하게 [야] 소리가 있다고 생각하면 이해하기 쉽습니다.
그 외에 [아이], [이] 발음이 납니다.

- [이야] **y**ak [액] 야크/ **y**ellow [옐로우] 노란색/ **y**acht [야앗] 요트
- [아이] fl**y** [플라이] 날다/ sp**y** [스파이] 스파이/ cr**y** [크라이] 울다
- [이] mumm**y** [머미] 미라/ happ**y** [해삐] 행복한/ pa**y** [페이] 지불하다

㉖ **Z z** [지-]

z 는 단어에서 우리말의 ㅈ[지읒]과 비슷한 발음입니다. 앞서 배운 j와는 차이가 있습니다.
j는 뭉개듯 소리 내고, z는 이와 잇몸을 진동하듯 떨면서 냅니다.

- [즈] **z**oo [주-] 동물원/ **z**ero [지로우] 영, 0/ **z**ig**z**ag [직잭] 지그재그

Chapter 1

인사

소개 Introductions 인츠러덕션(ㅅ)

□ **introduce** 인츠러듀-(ㅆ)
v. 소개하다

□ **name** 네임
n. 이름

□ **nickname** 닉네임
n. 별명

□ **business card** 비즈니(ㅅ) 카-(ㄷ)
n. 명함

□ **sex** 섹(ㅅ)
n. 성별

□ **man** 맨
n. 남자

□ **male** 메일
n. 남자, 수컷
a. 남성의, 수컷의

□ **guy** 가이
n. 남자, 녀석

□ **Mr.** 미스터
n. (남성의 성이나 이름 앞에 붙여) ~씨

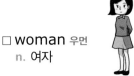

□ **woman** 우먼
n. 여자

□ **female** 피메일
n. 여자, 암컷
a. 여성의, 암컷의

□ **Ms.** 미(ㅈ) n. (미혼인지 기혼인지 모르는 여성의 성이나 이름 앞에 붙여) ~씨

□ **Mrs.** 미시(ㅈ) n. (기혼 여성의 성이나 이름 앞에 붙여) ~씨

□ **Miss** 미(ㅅ) n. (미혼 여성이나 독신 여성의 성이나 이름 앞에 붙여) ~씨

☐ age 에이쥐
　　n. 나이

☐ birthday 버-쓰데이
　　n. 생일

☐ nationality 내셔낼러티
　　n. 국적

☐ nation 네이션
　　n. 국가, 나라

☐ language 랭귀쥐
　　n. 언어

☐ religion 릴리전
　　n. 종교

☐ phone number 포운 넘버
　　전화번호

☐ job 잡 n. 직업

☐ occupation 아큐페이션
　　n. 직업, 업무

☐ address 앳레(ㅅ)
　　n. 주소

☐ major 메이저
　　n. 전공 과목

☐ live 리(ㅂ)
　　v. 살다

☐ minor 마이너
　　n. 부전공 과목

19

□ greet 그리잇
　　v. 인사하다

□ greeting 그리-팅
　　n. 인사

□ acquaintance 어퀘인턴(ㅆ)
　　n. 아는 사람

□ Hello! 헬로우!
　안녕하세요!

□ Hi! 하이!
　안녕!

□ Hi there! 하이 데어!
　여어 안녕!

□ Nice to meet you.
　나이(ㅆ) 투 미잇 유
　만나서 반갑습니다.

□ Good morning. 굿 머-닝
　안녕하세요. (아침 인사)

□ Good afternoon. 굿 애(ㅍ)터누운
　안녕하세요. (점심 인사)

□ Good evening. 굿 이-브닝
　안녕하세요. (저녁 인사)

□ Good night. 굿 나잇
　안녕히 주무세요.

☐ How are you doing?
하우 아– 유 두잉?
잘 지내요?

☐ Long time no see.
러엉 타임 노우 시–
오랜만이에요.

☐ Good-bye. 굿 바이
안녕히 가세요.

☐ See you later. 시– 유 레이터
또 만나요.

☐ welcome 웰컴
　　v. 환영하다

☐ friend 프렌(ㄷ)
　　n. 친구

☐ invite 인바잇
　　v. 초대하다

☐ invitation 인비테이션
　　n. 초대, 초청

☐ guest 게슷
　　n. 손님

21

□ **introduce** 인츠러듀-(ㅆ) v. 소개하다

Let me introduce myself.
렛 미 인츠러듀-(ㅆ) 마이셀(ㅍ)
제 소개를 하겠습니다.

□ **name** 네임 n. 이름
　□ **first name** 퍼-슷 네임 n. (성과 중간 이름을 제외한) 이름
　□ **middle name** 미들 네임 n. (성과 이름을 제외한) 중간 이름
　□ **last name** 래슷 네임 n. 성
　= **family name** 페멀리 네임

tip. 영어권 이름에는 우리 이름에 없는 middle name이 있는 경우가 있는데, 이는 우리가 말하는 성과 이름을 제외한 중간에 있는 이름을 가리킵니다. middle name은 하나인 경우도 있지만, 하나 이상인 경우도 있습니다.

May I have your name?
메이 아이 해 뷰어 네임?
성함이 어떻게 되세요?

Gina is my first name.
쥐나 이즈 마이 퍼-슷 네임
이름은 지나입니다.

Kim is my last name.
김 이즈 마이 래슷 네임
김은 성입니다.

□ **nickname** 닉네임 n. 별명

□ **business card** 비즈니(ㅅ) 카-(ㄷ) n. 명함

May I have your business card?
메이 아이 해 뷰어 비즈니(ㅅ) 카-(ㄷ)?
명함 한 장 주시겠어요?

□ **sex** 섹(ㅅ) n. 성별
　□ **man** 맨 n. 남자
　□ **woman** 우먼 n. 여자
　□ **male** 메일 n. 남자, 수컷 a. 남성의, 수컷의
　□ **female** 피메일 n. 여자, 암컷 a. 여성의, 암컷의

tip. male이나 female은 동물을 연상시키므로, 서류 작성 시 성별을 나타내는 경우 외에는 보통 man이나 woman이라고 합니다.

22

☐ **guy** 가이 n. 남자, 녀석

He's a stand-up guy.
히즈 어 스탠 덥 가이
그는 믿을 만한 남자이다.

tip. guy는 비격식으로 쓰이는 말인데, guys라고 하면 남녀 모두에 쓰이기도 합니다.

☐ **Mr.** 미스터 n. (남성의 성이나 이름 앞에 붙여) ~씨

Mr. Parker often speaks of you.
미스터 파-커 어-펀 스피익 서 뷰
파커 씨가 당신 이야기를 많이 했어요.

☐ **Ms.** 미(ㅈ) n. (미혼인지 기혼인지 모르는 여성의 성이나 이름 앞에 붙여) ~씨

This is Ms. Jenny's phone. **tip.** 여성의 경우만 결혼 여부를 밝히는 것이 성차별이라 해서,
디스 이즈 미(ㅈ) 제니(ㅅ) 포운   최근에는 주로 **Ms.**를 사용하는 추세입니다.
제니 씨의 전화입니다.

☐ **Mrs.** 미시(ㅈ) n. (기혼 여성의 성이나 이름 앞에 붙여) ~씨

☐ **Miss** 미(ㅅ) n. (미혼 여성이나 독신 여성의 성이나 이름 앞에 붙여) ~씨

☐ **sir** 서(ㄹ) n. 선생님, 귀하, 아저씨(이름을 모르는 남자에 대한 경칭)

☐ **ma'am** 맴 n. 부인, 사모님, 아주머니(이름을 모르는 여자에 대한 경칭)

☐ **age** 에이쥐 n. 나이

☐ **birthday** 버-쓰데이 n. 생일

Today is my birthday!
터데이 이즈 마이 버-쓰데이!
오늘이 내 생일이야!

☐ **nationality** 내셔낼러티 n. 국적

What's your nationality?
왓 츄어 내셔낼러티?
국적이 어떻게 돼요?

□ nation 네이션 n. 국가, 나라

□ language 랭귀쥐 n. 언어
    □ English 잉글리쉬 n. 영어
    □ Korean 커리-언 n. 한국어
    □ Chinese 차이니-(ㅈ) n. 중국어
    □ Japanese 재퍼니-(ㅈ) n. 일본어
    □ Spanish 스패니쉬 n. 스페인어
    □ French 프렌취 n. 프랑스어
    □ German 저-먼 n. 독일어

tip. 미국 대학에서 인기 있는 제2외국어로는 스페인어, 프랑스어 등이 있습니다.

How many languages do you speak?
하우 매니 랭귀쥐(ㅅ) 두 유 스피익?
몇 개 국어 할 수 있어요?

How's your Chinese class going?
하우 쥬어 차이니-(ㅈ) 클래(ㅅ) 고우잉?
중국어 수업은 잘 돼 가나요?

□ religion 릴리전 n. 종교
    □ Christianity 크리스채너티 n. 기독교
    □ Protestantism 프라터스턴티즘 n. 개신교
    □ Catholicism 커싸리씨즘 n. 천주교
    □ Buddhism 부-디즘 n. 불교
    □ Islam 이슬럼 n. 이슬람교
    □ Hinduism 힌두-이즘 n. 힌두교

□ phone number 포운 넘버 전화번호

□ address 앳레(ㅅ) n. 주소

□ live 리(ㅂ) v. 살다

□ acquaintance 어쿠엔턴(ㅆ) n. 아는 사람

□ job 잡 n. 직업

Why did you leave your last job?
와이 디 쥬 리- 뷰어 래슷 잡?
전 직장을 왜 그만뒀습니까?

□ occupation 아큐페이션 n. 직업, 업무

What's your occupation?
왓 츄어 아큐페이션?
직업은 무엇입니까?

□ major 메이저 n. 전공 과목 •————→ **tip.** 대학생의 전공 과목을 말합니다.
  □ minor 마이너 n. 부전공 과목

□ greet 그리잇 v. 인사하다
  □ greeting 그리-팅 n. 인사

Hello!
헬로우!
안녕하세요!

Hi!
하이!
안녕!

Hi there!
하이 데어!
여어 안녕!

Nice to meet you.
나이(씨) 투 미잇 유
만나서 반갑습니다.

Good morning.
굿 머-닝
안녕하세요. (아침 인사)

Good afternoon.
굿 애(ㅍ)터누운
안녕하세요. (점심 인사)

Good evening.
굿 이-브닝
안녕하세요. (저녁 인사)

Good night.
굿 나잇
안녕히 주무세요.

How are you doing?
하우 아- 유 두잉?
잘 지내요?

Long time no see.
러엉 타임 노우 시-
오랜만이에요.

Good-bye.
굿바이
안녕히 가세요.

See you later.
시- 유 레이터
또 만나요.

Excuse me.
익스큐-(ㅈ) 미
실례합니다.

Have a nice weekend.
해 버 나이(씨) 위-켄(ㄷ)
좋은 주말 되세요.

□ **say hello** 세이 헬로우 안부를 전하다

Say hello to your family for me.
세이 헬로우 투 유어 패멀리 퍼 미
당신 가족에게 안부를 전해 주세요.

□ **welcome** 웰컴 v. 환영하다

Welcome to New York. •
웰컴 투 누-여억
뉴욕에 오신 걸 환영합니다.

tip. 회사에서 신입사원을 맞이할 때는 'Welcome aboard!'라고 합니다.

□ invite 인바잇 v. 초대하다

　□ invitation 인비테이션 n. 초대, 초청

I don't want to invite him.
아이 도운(트) 원(트) 투 인바잇 힘
그를 초대하기 싫어.

□ guest 게슷 n. 방문객, 손님

□ friend 프렌(ㄷ) n. 친구

What are friends for?
왓 아– 프렌(ㅈ) 퍼
친구 좋다는 게 뭐야?

01. 인사

꼭! 써먹는 **실전 회화**

Mary　Hi, Henry.
How are you doing?
하이, 헨리. 하우 아– 유 두잉?
안녕, 헨리. 잘 지냈니?

Henry　Pretty good. How was your weekend?
프리디 굿. 하우 워즈 유어 위–켄(ㄷ)?
잘 지냈어. 주말 어떻게 보냈니?

Mary　Not bad. I went to Lucy's house with some friends.
낫 뱃. 아이 웬(트) 투 루시(ㅅ) 하우(ㅅ) 윗 섬 프렌(ㅈ)
그럭저럭. 친구들과 루시네 집에 갔었어.

Henry　How's Lucy?
하우(ㅈ) 루시?
루시는 어떻게 지내?

Mary　She is fine.
쉬 이즈 파인
걘 잘 지내.

감사 & 사과 Gratitude & Apologies 그래터튜웃 앤(ㄷ) 어팔러쥐(ㅅ)

□ gratitude 그래터튜-(ㄷ) n. 감사

□ thank 쌩(ㅋ) v. 감사하다
= appreciate 어프리-씨에잇

□ grateful 그레잇펄 a. 감사하는

□ kind 카인(ㄷ)
   a. 친절한

□ kindness 카인(ㄷ)니(ㅅ)
   n. 친질, 신세

□ concern 컨써언
   n. 관심, 염려 v. 걱정하다, 염려하다

□ consider 컨시더
   v. ~에게 관심을 기울이다, 배려하다

□ consideration 컨시더레이션
   n. 고려, 배려

□ help 헬(ㅍ)
   n. 도움, 원조
   v. (~하는 것을) 도와주다

□ care 케어
   n. 돌봄, 조심 v. 염려하다, 보살피다

□ take care of 테익 케어 어(ㅂ)
   ~을 돌보다

□ favor 페이버
   n. 호의, 은혜

□ benefit 베너핏
   n. 혜택

□ mercy 머-씨
   n. 자비

□ chance 챈(ㅆ)
　　n. 기회

□ give a chance 기 버 챈(ㅆ)
　　기회를 주다

□ wait 웨잇
　　v. 기다리다

□ waiting 웨이팅
　　n. 기다리는 시간, 기다리기

□ cheer 치어
　　v. 격려하다

□ cheer up 치어 업
　　기운이 나다

□ understand 언더스탠(ㄷ)
　　v. 이해하다

□ understanding 언더스탠딩
　　n. 이해

□ advise 앳바이(ㅈ)
　　v. 충고하다, 조언하다

□ advice 앳바이(ㅆ)
　　n. 충고, 조언

□ praise 프레이(ㅈ)
　　n. 칭찬 v. 칭찬하다

29

□ **forgive** 퍼기(ㅂ)
  v. 용서하다

□ **forgiveness** 퍼깁니(ㅅ)
  n. 용서

□ **pardon** 파-든
  n. 용서
  v. 용서하다, 너그러이 봐주다

□ **sorry** 서-리 a. 미안하게 생각하는,
  유감스러운, 안타까운

□ **apologize** 어팔러자이(ㅈ)
  v. 사과하다

□ **apology** 어팔러쥐
  n. 사과

□ **problem** 프라블럼
  n. 문제

□ **damage** 대미쥐
  n. 손해

□ **trouble** 츠러블
  n. 곤란, 어려움

□ **fault** 퍼얼(ㅌ)
  n. 잘못

□ **wrong** 러엉
  a. 잘못된

□ **mistake** 미스테익
  n. 실수, 잘못
  v. 잘못 해석하다, 착각하다

30

□ **disturb** 디스터업
  v. 방해하다

□ **happen** 해쁜
  v. 일어나다, 발생하다

□ **happening** 해쁘닝
  n. 우연히 일어난 일, 사건

□ **claim** 클레임
  n. 요구, 청구 v. 요구하다

□ **accept** 액쎕(ㅌ)
  v. 받아들이다

□ **acceptance** 액쎕턴(ㅆ)
  n. 받아들임, 수락

□ **blame** 블레임
  n. 비난, 탓, 책임
  v. ～의 탓으로 돌리다

□ **late** 레잇
  a. 늦은 adv. 늦게

□ **be late** 비- 레잇
  지각하다, 늦다

□ **think** 씽(ㅋ)
  v. 생각하다

□ **thought** 써엇
  n. 생각

□ **idea** 아이디-어
  n. 생각, 아이디어

□ **forget** 퍼겟
  v. 잊다

31

☐ gratitude 그래터튜-(드) n. 감사

☐ thank 쌩(ㅋ) v. 감사하다
    ☐ thanks to 쌩(ㅅ) 투 덕분에
    ☐ thank you for 쌩 큐 퍼 ～에 대해 감사하다

  Thank you.
  쌩 큐
  감사합니다.

  Thank you for everything.
  쌩 큐 퍼 에브리씽
  여러 가지로 감사합니다.

☐ appreciate 어프리-씨에잇 v. 감사하다

  I appreciate the invitation.
  아이 어프리-씨에잇 디 인비테이션
  초대에 감사드립니다.

tip. thank와 appreciate는 둘 다 '감사하다'라는 의미이지만, appreciate가 좀 더 격식을 갖춘 표현이 됩니다. 'thank+사람+for+이유'와 'appreciate+행위' 형태로 쓰입니다.

☐ grateful 그레잇펄 a. 감사하는

  I'm very grateful to you.
  아임 베리 그레잇펄 투 유
  정말 감사합니다.

☐ kind 카인(드) a. 친절한
    ☐ kindness 카인(드)니(ㅅ) n. 친절, 신세

  Thank you for your kindness.
  쌩 큐 퍼 유어 카인(드)니(ㅅ)
  친절에 감사드립니다.

☐ concern 컨써언 n. 관심, 염려 v. 걱정하다, 염려하다

  I appreciate your concern.
  아이 어프리-씨에잇 유어 컨써언
  관심 가져 줘서 고마워요.

☐ consider 컨시더 v. ～에게 관심을 기울이다, 배려하다
    ☐ consideration 컨시더레이션 n. 고려, 배려

32

Please give my offer some consideration.
플리-(ㅈ) 기(ㅂ) 마이 어퍼 섬 컨시더레이션
제 제안을 고려해 주세요.

☐ help 헬(ㅍ) n. 도움, 원조 v. (~하는 것을) 도와주다

Thank you very much for your help.
쌩 큐 베리 머춰 퍼 유어 헬(ㅍ)
도와주셔서 대단히 감사합니다.

☐ generous 제너러(ㅅ) a. 관대한, 너그러운

☐ care 케어 n. 돌봄, 조심 v. 염려하다, 보살피다
　　☐ take care of 테익 케어 어(ㅂ) ~을 돌보다

☐ favor 페이버 n. 호의, 은혜

☐ benefit 베너핏 n. 혜택

☐ mercy 머-씨 n. 자비

☐ pleasure 플레저 n. 즐거움, 기쁨

My pleasure. ●————————→ **tip.** '고맙다'라는 말에 대한 답례 인사입니다.
마이 플레저
천만에요.

☐ chance 챈(ㅆ) n. 기회
　　☐ give a chance 기 버 챈(ㅆ) 기회를 주다

Thank you for giving me a chance.
쌩 큐 퍼 기빙 미 어 챈(ㅆ)
제게 기회를 주셔서 감사합니다.

☐ wait 웨잇 v. 기다리다
　　☐ waiting 웨이팅 n. 기다리는 시간, 기다리기

Thank you for waiting.
쌩 큐 퍼 웨이팅
기다려 줘서 고마워요.

□ cheer 치어 v. 격려하다
　　□ cheer up 치어 업 기운이 나다

□ understand 언더스탠(드) v. 이해하다
　　□ understanding 언더스탠딩 n. 이해

□ advise 앳바이(ㅈ) v. 충고하다, 조언하다 ⟶ **tip.** advise와 advice의 발음을 주의합니다.
　　□ advice 앳바이(ㅆ) n. 충고, 조언

□ praise 프레이(ㅈ) n. 칭찬 v. 칭찬하다

□ forgive 퍼기(ㅂ) v. 용서하다
　　□ forgiveness 퍼깁니(ㅅ) n. 용서

Let's forgive and forget.
렛(ㅊ) 퍼기 밴(ㄷ) 퍼겟
서로 용서하고 잊어버리자.

tip. pardon이 감탄사로 쓰이면 상대방의 말을 잘 알아듣지 못해 다시 말해 달라는 뜻이나 가벼운 실수 등에 대한 사과의 의미가 됩니다.

□ pardon 파-든 n. 용서 v. 용서하다, 너그러이 봐주다

□ sorry 서-리 a. 미안하게 생각하는, 유감스러운, 안타까운

I'm sorry about that.
아임 서-리 어바웃 댓
그 일에 대해서 미안하게 생각하고 있습니다.

tip. 'I'm sorry.'는 말하는 사람이 자신의 실수를 인정하여 사과할 때 쓰는 말이고, 남과 부딪히거나 이야기 중간에 기침을 하는 등의 경우에는 보통 'Excuse me.'라고 말합니다.

□ apologize 어팔러자이(ㅈ) v. 사과하다
　　□ apology 어팔러쥐 n. 사과

I apologize to you.
아이 어팔러자이(ㅈ) 투 유
사과드립니다.

I owe you an apology.
아이 오우 유 언 어팔러쥐
사과드립니다.

□ **problem** 프라블럼 n. 문제 ⟶ tip. problem은 다루거나 이해하기 힘든 '문제'라는 의미뿐 아니라 '(시험) 문제'의 뜻도 있습니다.

I didn't expect to have a problem.
아이 디든(트) 익스펙(트) 투 해 버 프라블럼
문제가 생기리라고는 생각지 못했어요.

□ **fault** 퍼얼(트) n. 잘못 ⟶ tip. fault는 책임을 져야 할 잘못에 대해 씁니다.

It was my fault.
잇 워즈 마이 퍼얼(트)
제 잘못이었어요.

□ **trouble** 츠러블 n. 곤란, 어려움

I'm sorry for all the trouble that I have caused.
아임 서-리 퍼 어얼 더 츠러블(ㅅ) 댓 아이 해(ㅂ) 커-즛
폐를 끼쳐서 죄송합니다.

□ **damage** 대미쥐 n. 손해

□ **wrong** 러엉 a. 잘못된

What's wrong with you?
왓(츠) 러엉 윗 유?
무슨 일 있어요?

□ **mistake** 미스테익 n. 실수, 잘못 v. 잘못 해석하다, 착각하다
　□ **make a mistake** 메익 어 미스테익 실수하다

I made a mistake.
아이 메잇 어 미스테익
제가 실수했어요.

□ **disturb** 디스터업 v. 방해하다

I'm sorry to disturb you.
아임 서-리 투 디스터업 유
폐를 끼쳐서 죄송합니다.

□ **claim** 클레임 n. 요구, 청구 v. 요구하다

☐ accept 액쎕(트) v. 받아들이다
  ☐ acceptance 액쎕턴(씨) n. 받아들임, 수락

☐ happen 해쁜 v. 일어나다, 발생하다
  ☐ happening 해쁘닝 n. 우연히 일어난 일, 사건

It won't happen again.
잇 워운(트) 해쁜 어겐
다시는 이런 일이 없을 겁니다.

☐ blame 블레임 n. 비난, 탓, 책임 v. ~의 탓으로 돌리다

I blame no one but myself.
아이 블레임 노우 원 벗 마이셀(프)
제 잘못이었어요.

☐ on purpose 언 퍼-퍼(스) 고의로, 일부러

I didn't do it on purpose.
아이 디든(트) 두 잇 언 퍼-퍼(스)
고의는 아니었어요.

☐ intention 인텐션 n. 의도

My intentions were good.
마이 인텐션(스) 워- 굿
고의는 아니었어요.

☐ late 레잇 a. 늦은 adv. 늦게
  ☐ be late 비- 레잇 지각하다, 늦다

Excuse me for being late.
익스큐-(즈) 미 퍼 비-잉 레잇
늦어서 죄송합니다.

☐ forget 퍼겟 v. 잊다

I'm sorry, but I forgot.
아임 서-리, 벗 아이 퍼갓
미안해요, 깜빡 잊었어요.

□ opinion 어피년 n. 의견

□ think 씽(ㅋ) v. 생각하다

　　□ thought 써엇 n. 생각

I think it's better if we stayed friends.
아이 씽 킷(ㅊ) 베러 이(ㅍ) 위 스테잇 프렌(ㅈ)
우리는 그냥 친구로 있는 게 더 좋을 것 같아.

□ idea 아이디-어 n. 생각, 아이디어

That's a good idea.
댓 처 굿 아이디-어
좋은 생각이에요.

02. 감사 인사

꼭! 써먹는 **실전 회화**

James Thank you for meeting with us today.
쌩 큐 퍼 미-팅 윗 어스 터데이
오늘 시간 내 주셔서 감사합니다.

Minsu You're welcome.
유어 웰컴
천만에요.

James Please excuse me. I have to leave now.
플리-(ㅈ) 익스큐-(ㅈ) 미. 아이 해(ㅂ) 투 리-(ㅂ) 나우
실례할게요. 지금 가야겠어요.

Minsu No problem. Have a good day.
노우 프라블럼. 해 버 굿 데이
괜찮습니다. 좋은 하루 되세요.

37

Exercise

다음 단어를 읽고 맞는 뜻과 연결하세요.

1. address	•	• 감사하다
2. age	•	• 국가, 나라
3. apologize	•	• 나이
4. forgive	•	• 도움
5. greeting	•	• 사과하다
6. help	•	• 소개하다
7. introduce	•	• 용서하다
8. kind	•	• 유감스러운
9. name	•	• 이름
10. nation	•	• 인사
11. sorry	•	• 주소
12. thank	•	• 친절한

1. address – 주소 2. age – 나이 3. apologize – 사과하다 4. forgive – 용서하다
5. greeting – 인사 6. help – 도움 7. introduce – 소개하다 8. kind – 친절한
9. name – 이름 10. nation – 국가, 나라 11. sorry – 유감스러운 12. thank – 감사하다

Chapter 2

사람

☐ body 바디
   n. 신체

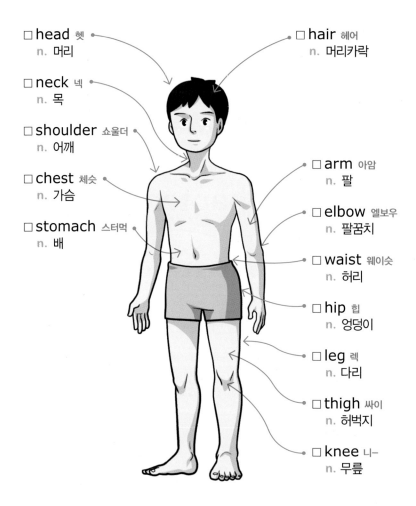

☐ head 헷
   n. 머리

☐ neck 넥
   n. 목

☐ shoulder 쇼울더
   n. 어깨

☐ chest 체슷
   n. 가슴

☐ stomach 스터먹
   n. 배

☐ hair 헤어
   n. 머리카락

☐ arm 아암
   n. 팔

☐ elbow 엘보우
   n. 팔꿈치

☐ waist 웨이슷
   n. 허리

☐ hip 힙
   n. 엉덩이

☐ leg 렉
   n. 다리

☐ thigh 싸이
   n. 허벅지

☐ knee 니-
   n. 무릎

□ hand 핸(ㄷ)
　　n. 손

□ foot 풋
　　n. 발

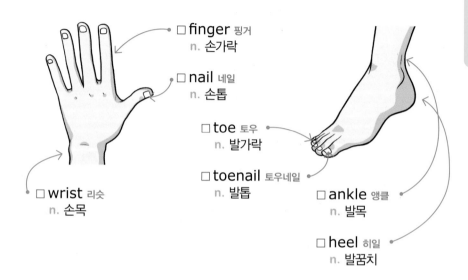

□ finger 핑거
　　n. 손가락

□ nail 네일
　　n. 손톱

□ toe 토우
　　n. 발가락

□ toenail 토우네일
　　n. 발톱

□ wrist 리슷
　　n. 손목

□ ankle 앵클
　　n. 발목

□ heel 히일
　　n. 발꿈치

□ face 페이(ㅆ)
　　n. 얼굴

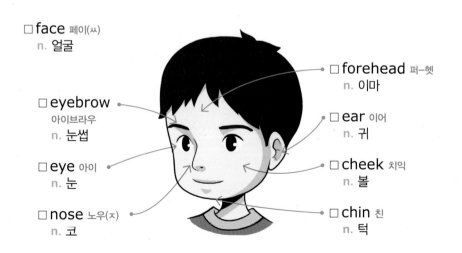

□ forehead 퍼–헷
　　n. 이마

□ eyebrow
아이브라우
　　n. 눈썹

□ ear 이어
　　n. 귀

□ eye 아이
　　n. 눈

□ cheek 치익
　　n. 볼

□ nose 노우(ㅈ)
　　n. 코

□ chin 친
　　n. 턱

41

□ mouth 마우쓰
　　n. 입

□ lip 립
　　n. 입술

□ tongue 텅
　　n. 혀

□ tooth 투-쓰
　　n. 이, 치아

□ gum 검
　　n. 잇몸

□ height 하잇
　　n. 키

□ tall 터얼
　　a. 키가 큰

□ short 셔-(트)
　　a. 키가 작은

□ weight 웨잇
　　n. 무게, 체중

□ fat 팻 a. 뚱뚱한

□ chubby 처비
　　a. 통통한

□ corpulence 커-풀런(스)
　　n. 비만

□ slender 슬렌더
　　a. 날씬한

□ thin 씬
　　a. 마른

□ **skin** 스킨
n. 피부

□ **wrinkle** 링클
n. 주름

□ **dimple** 딤플
n. 보조개

□ **pimple** 핌플
n. 여드름, 뾰루지

□ **freckle** 프레클
n. 주근깨

□ **pore** 퍼–
n. 모공

□ **moustache** 머스태쉬
n. 콧수염

□ **beard** 비어(ㄷ)
n. 턱수염

□ **shave** 쉐이(ㅂ)
v. 면도하다

□ **appearance** 어피어런(ㅆ)
n. 외모

□ **handsome** 핸섬
a. 잘생긴

□ **ugly** 어글리
a. 못생긴

□ **good-looking** 굿루킹
a. 잘생긴

□ **beautiful** 뷰–터펄
a. 아름다운

□ **cute** 큐웃
a. 귀여운

□ **gorgeous** 거–쥐(ㅅ)
a. 멋진, 예쁜

□ **pretty** 프리디
a. 예쁜

□ **body** 바디 n. 신체

□ **head** 헷 n. 머리

□ **hair** 헤어 n. 머리카락
    □ **curly hair** 커-리 헤어 곱슬머리
    □ **straight hair** 스츠레잇 헤어 생머리
    □ **bobbed hair** 밥(ㄷ) 헤어 단발머리
    □ **long hair** 러엉 헤어 긴 머리
    □ **short hair** 셔-(ㅌ) 헤어 짧은 머리

What is the color of your hair?
왓 이즈 더 컬러 어 뷰어 헤어?
당신의 머리는 무슨 색깔이에요?

She has short curly blonde hair.
쉬 해즈 셔-(ㅌ) 커얼리 블란(ㄷ) 헤어
그녀는 곱슬머리에 짧은 금발이야.

I have short hair.
아이 해(ㅂ) 셔-(ㅌ) 헤어
나는 짧은 머리이다.

□ **neck** 넥 n. 목

□ **shoulder** 쇼울더 n. 어깨

He is stout with broad shoulders.
히 이즈 스타웃 윗 브러엇 쇼울더(ㅅ)
그의 어깨는 딱 벌어졌다.

□ **back** 백 n. 등 •———→ **tip.** back에는 '(신체의) 등' 외에도 '뒤쪽, 뒷면', '뒤쪽의', '뒤로' 등
                                                          다양한 의미가 있습니다.

□ **chest** 체슷 n. 가슴

□ **stomach** 스터먹 n. 배

His stomach sticks out.
히스 스터먹 스틱 사웃
그는 배가 나왔어요.

44

☐ **waist** 웨이슷 n. 허리

☐ **hip** 힙 n. 엉덩이

☐ **arm** 아암 n. 팔

☐ **elbow** 엘보우 n. 팔꿈치

☐ **wrist** 리슷 n. 손목

☐ **hand** 핸(ㄷ) n. 손
    ☐ **right-handed** 라잇핸딧 a. 오른손잡이의
    ☐ **left-handed** 레픗핸딧 a. 왼손잡이의

    Wash your hands first.
    워쉬 유어 핸(ㅈ) 퍼-슷
    손부터 씻어야지.

    I am left-handed.
    아이 앰 레픗핸딧
    저는 왼손잡이예요.

☐ **finger** 핑거 n. 손가락
    ☐ **nail** 네일 n. 손톱

☐ **leg** 렉 n. 다리

    I don't like my piano legs.
    아이 도운(ㅌ) 라익 마이 피애노우 렉(ㅅ)
    내 무다리가 싫어.

☐ **thigh** 싸이 n. 허벅지

☐ **knee** 니- n. 무릎

    I fell down and scraped my knees.
    아이 펠 다운 앤(ㄷ) 스크랩(ㅌ) 마이 니-(ㅅ)
    넘어져서 무릎이 까졌어요.

□ ankle 앵클 n. 발목

I sprained my ankle.
아이 스프레인(드) 마이 앵클
발목을 삐었어요.

□ foot 풋 n. 발 ●————→ tip. 복수형은 feet입니다.

□ toe 토우 n. 발가락
　　□ toenail 토우네일 n. 발톱

□ heel 히일 n. 발꿈치

□ face 페이(ㅆ) n. 얼굴

My face is a little chubby.
마이 페이(ㅆ) 이즈 어 리들 처비
나는 얼굴이 좀 통통하다.

□ face shape 페이(ㅆ) 쉐입 얼굴형
　　□ oval face 오우벌 페이(ㅆ) 달걀형 얼굴
　　□ round face 라운(드) 페이(ㅆ) 동그란 얼굴

I have an oval face.
아이 해 번 오우벌 페이(ㅆ)
난 달걀형 얼굴이야.

I have a round face.
아이 해 버 라운(드) 페이(ㅆ)
내 얼굴은 동그랗다.

□ forehead 퍼-헷 n. 이마

He has a broad forehead.
히 해즈 어 브러엇 퍼-헷
그는 이마가 넓습니다.

□ cheek 치익 n. 볼

I have dimples on my cheeks.
아이 해(ㅂ) 딤플 선 마이 치익(ㅅ)
나는 양쪽 볼에 보조개가 있다.

46

□ chin 친 n. 턱

□ square jaw 스쿠에어 쥬- 사각턱

　　She has a square jaw.
　　쉬 해즈 어 스쿠에어 쥬-
　　그녀는 사각턱이야.

□ eye 아이 n. 눈

　　I have hollow eyes.
　　아이 해(ㅂ) 할로우 아이(ㅈ)
　　눈이 움푹 들어갔다.

□ pupil 퓨-플 n. 눈동자

□ eyebrow 아이브라우 n. 눈썹

□ eyelash 아이래쉬 n. 속눈썹

　　I have long eyelashes.
　　아이 해(ㅂ) 러엉 아이래쉬(ㅅ)
　　난 긴 속눈썹을 가졌지.

□ double eyelid 더블 아이릿 쌍꺼풀
　　= double-edged eyelid 더블엣쥐(ㄷ) 아이릿

　　I have double-edged eyelids.
　　아이 해(ㅂ) 더블앳쥐(ㄷ) 아이리(ㅈ)
　　난 쌍꺼풀이 있어.

□ nose 노우(ㅈ) n. 코
　　□ long nose 러엉 노우(ㅈ) 높은 코
　　□ bottle nose 바틀 노우(ㅈ) 주먹코
　　□ flat nose 플랫 노우(ㅈ) 납작코

　　I have a long nose.
　　아이 해 버 러엉 노우(ㅈ)
　　난 코가 높다.

☐ mouth 마우쓰 n. 입

☐ lip 립 n. 입술 ●————————→ **tip.** 보통 lips라고 씁니다.

    ☐ the upper lip 디 어뻐 립 윗입술
    ☐ the lower lip 더 로우어 립 아랫입술
    = the under lip 디 언더 립

    His lips are full.
    히스 립 사- 풀
    그의 입술은 두껍다.

☐ tongue 텅 n. 혀

☐ tooth 투-쓰 n. 이, 치아 ●————————→ **tip.** 복수형은 teeth입니다.

    ☐ back tooth 백 투-쓰 n. 어금니
    ☐ front tooth 프런(트) 투-쓰 앞니
    ☐ canine tooth 케이나인 투-쓰 송곳니
    ☐ wisdom tooth 위즈덤 투-쓰 사랑니

    I have a loose tooth.
    아이 해 버 루-(ㅅ) 투-쓰
    이 하나가 흔들거립니다.

    I've chipped a wisdom tooth.
    아이(ㅂ) 칩 터 위즈덤 투-쓰
    사랑니가 났어요.

☐ gum 검 n. 잇몸

☐ ear 이어 n. 귀

    We are all ears.
    위 아- 어얼 이어(ㅅ)
    우리는 열심히 귀를 기울인다.

☐ height 하잇 n. 키

    What's your height?
    왓(ㅊ) 유어 하잇?
    키가 얼마입니까?

□ **tall** 터얼 a. 키가 큰

> How tall are you?
> 하우 터얼 아– 유?
> 키가 얼마입니까?

□ **short** 셔–(ㅌ) a. 키가 작은

> He is a little short.
> 히 이즈 어 리들 셔–(ㅌ)
> 그는 키가 좀 작다.

□ **weight** 웨잇 n. 무게, 체중

> You've lost a bit of weight, haven't you?
> 유(ㅂ) 러–슷 어 빗 어(ㅂ) 웨잇, 해븐 츄?
> 살이 좀 빠졌네요, 그렇죠?

□ **fat** 팻 a. 뚱뚱한

□ **chubby** 처비 a. 통통한

□ **corpulence** 커–퓰런(ㅆ) n. 비만

□ **slender** 슬렌더 a. 날씬한

□ **thin** 씬 a. 마른

> I am tall and thin.
> 아이 앰 터얼 앤(ㄷ) 씬
> 저는 키가 크고 마른 편이에요.

□ **skin** 스킨 n. 피부
> □ **oily skin** 어일리 스킨 지성피부
> □ **dry skin** 드라이 스킨 건성피부
> □ **sensitive skin** 센서티(ㅂ) 스킨 민감성피부

> I have sensitive skin.
> 아이 해(ㅂ) 센서티(ㅂ) 스킨
> 피부가 너무 예민해.

□ complexion 컴플렉션 n. 얼굴빛, 안색

□ wrinkle 링클 n. 주름

   You have a lot of wrinkles on your face.
   유 해 버 랏 어(ㅂ) 링클 선 유어 페이(씨)
   네 얼굴에 주름이 많아.

□ dimple 딤플 n. 보조개

□ pimple 핌플 n. 여드름, 뾰루지

□ freckle 프렉클 n. 주근깨

□ pore 퍼– n. 모공

□ dandruff 댄드러(ㅍ) n. 비듬

□ moustache 머스태쉬 n. 콧수염
   □ beard 비어(ㄷ) n. 턱수염
   □ shave 쉐이(ㅂ) v. 면도하다

□ appearance 어피어런(씨) n. 외모

   Don't be mislead by appearance.
   도운(ㅌ) 비– 미스리잇 바이 어피어런(씨)
   외모에 속지 말아요.

   ↗ **tip.** handsome을 남자에게 쓰면 '멋지게 잘생긴'이라는 의미이고,
□ handsome 핸섬 a. 잘생긴   여자에게 쓰면 '당당하게 아름답다'라는 것을 뜻합니다.

□ good-looking 굿루킹 a. (외모가) 잘생긴 ↘

   He is good-looking.   **tip.** good-looking은 특히 사람의 외모에 대해
   히 이즈 굿루킹   '잘생겼다'라고 할 때 씁니다.
   그는 잘생겼어.

□ beautiful 뷰–터펄 a. 아름다운

□ pretty 프리디 a. 예쁜

□ cute 큐웃 a. 귀여운 •————————→ **tip.** 성인에게 cute라고 하면 '섹시하다'라는 말이 됩니다.

> She looks cute.
> 쉬 룩(ㅅ) 큐웃
> 그녀는 귀엽게[섹시하게] 생겼어.

□ gorgeous 거-줘(ㅅ) a. 멋진, 예쁜

□ charming 차-밍 a. 매력적인

□ graceful 그레이(ㅆ)펄 a. 우아한

□ intelligent 인텔리전(ㅌ) a. 총명한, 지적인

> He looks quite intelligent.
> 히 룩(ㅅ) 쿠아잇 인텔리전(ㅌ)
> 그는 아주 지적으로 생겼어.

□ ugly 어글리 a. 못생긴

꼭! 써먹는 **실전 회화**

03. 외모

Tom Anna looks a lot like her mother.
애나 룩 서 랏 라익 허 머더
안나는 어머니를 많이 닮았어.

Mary Yes, they both have yellow hair.
예스, 데이 보우쓰 해(ㅂ) 옐로우 헤어
그래, 둘 다 노란색 머리잖아.

Tom But Anna dyed her hair black a few days ago.
벗 애나 다잇 허 헤어 블랙 어 퓨- 데이 저고우
하지만 안나는 며칠 전에 머리를 검은색으로 염색했더라고.

Mary Really? I haven't seen her since last month.
리얼리? 아이 해븐(ㅌ) 시인 허 신(ㅆ) 래슷 먼쓰
정말? 난 지난달 이후로 그 애를 보지 못했어.

51

□ feel 피일
　n. 감정

□ pleasing 플리-징
　a. 즐거운, 만족스러운

□ pleased 플리-줏
　a. 기쁜, 만족해하는

□ satisfied 새티스파잇
　a. 만족한

□ enough 이넙
　a. 충분한

□ happy 해삐
　a. 행복한

□ happiness 해삐니(ㅅ)
　n. 행복

□ excited 익싸이팃
　a. 흥분한

□ exciting 익싸이팅
　a. 흥분시키는, 흥미진진한

□ interested 인터레스팃
　a. 흥미를 가진

□ interesting 인터레스팅
　a. 흥미 있는, 신나는

□ joyful 쥐이펄
　a. 즐거운

□ joy 쥐이
　n. 기쁨

□ smile 스마일
　n. 미소 v. 미소를 짓다

□ laugh 래(ㅍ)
　n. 웃음 v. 웃다

□ calm 카암
　a. 침착한

□ relieved 릴리-븟
　a. 안심한, 안도한

□ sad 샛
　a. 슬픈

□ miserable 미저러블
　a. 비참한

□ nasty 내스티
　a. 심술궂은

□ disappointed 디서퍼인팃
　a. 실망한, 낙담한

□ nervous 너-버(ㅅ)
　a. 신경과민의, 초조해하는

□ sensitive 센서티(ㅂ)
　a. 신경질적인, 민감한

□ shameful 쉐임펄
　a. 부끄러운

□ shy 샤이
　a. 부끄럼 타는

□ annoyed 어너잇
　a. 짜증 난, 화가 난

□ anxious 앵셔(ㅅ)
　a. 불안한

□ horrible 허-러블
　a. 무서운

□ painful 페인펄
　a. 고통스러운

□ character 캐릭터
　n. 성격

□ good 굿
　a. 착한

□ kind 카인(드)
　a. 친절한

□ humble 험블
　a. 겸손한

□ honest 아니슷
　a. 정직한

□ gentle 젠틀
　a. 다정한

□ scrupulous 스크루-풀러(스)
　a. 세심한

□ active 액티(브)
　a. 적극적인

□ extroverted 엑스츠러버-팃
　a. 외향적인

□ passive 패시(브)
　a. 수동적인

□ timid 티밋
　a. 소심한

□ reticent 레티쓴(ㅌ)
　a. 과묵한

□ cautious 커-셔(ㅅ)
　a. 신중한

□ bad 뱃
　a. 나쁜, 부도덕한

□ greedy 그리-디
　a. 탐욕스러운

□ pessimistic 페서미스틱
　a. 비관적인

□ negative 네거티(ㅂ)
　a. 부정적인, 소극적인

□ gloomy 글루-미
　a. 우울한

□ sorrowful 서-러펄
　a. 비통한

□ arrogant 애러건(ㅌ)
　a. 오만한

□ rude 루-(ㄷ)
　a. 무례한

□ idle 아이들
　a. 게으른

□ rough 럽
　a. 거친

55

□ feel 피일 n. 감정, 기분 v. 느끼다

□ pleasing 플리-징 a. 즐거운, 만족스러운
    □ pleasingly 플리-징리 adv. 즐겁게, 기분 좋게

□ pleased 플리-즛 a. 기쁜, 만족해하는

   I'm pleased to hear that.
   아임 플리-즛 투 히어 댓
   그 말을 들으니 기뻐요.

□ satisfied 새티스파잇 a. 만족한

   I'm satisfied with it.
   아임 새티스파잇 윗 잇
   나는 그것에 만족해요.

□ enough 이넢 a. 충분한

□ happy 해삐 a. 행복한
    □ happiness 해삐니(ㅅ) n. 행복

   I'm happy.
   아임 해삐
   난 행복해요.

□ excited 익싸이팃 a. 흥분한
    □ exciting 익싸이팅 a. 흥분시키는, 흥미진진한

   I was excited to hear it. ●━━━━━▶ **tip.** 사람이 주어로 올 때
   아임 익싸이팃 투 히어 잇   감정형용사는 -ed형을 써야 합니다.
   나는 그것을 듣고 흥분했다.

   There are many exciting festivals to enjoy here.
   데어 아- 메니 익싸이팅 페(ㅅ)터벌(ㅅ) 투 인줘이 히어
   여기에는 흥미진진한 축제들이 많이 있어요.

□ interested 인터레스팃 a. 흥미를 가진
    □ interesting 인터레스팅 a. 흥미 있는, 신나는

I'm interested in science.
아임 인터레스팃 인 사이언(씨)
나는 과학에 흥미 있어요.

It was an interesting day!
잇 워즈 언 인터레스팅 데이!
신나는 날이었어요!

□ **funny** 퍼니 a. 재미있는

　　□ **fun** 펀 n. 재미

I'm having fun.
아임 해빙 펀
즐거워요.

□ **joyful** 쥐이펄 a. 즐거운

　　□ **joy** 쥐이 n. 기쁨

I jumped for joy.
아이 점(ㅌ) 퍼 쥐이
날 듯이 기뻤어요.

□ **smile** 스마일 n. 미소 v. 미소를 짓다

□ **laugh** 래(ㅍ) n. 웃음 v. 웃다

It's so funny that I can't stop laughing.
잇(ㅊ) 소우- 퍼니 댓 아이 캔(ㅌ) 스탑 래핑
너무 재미있어서 웃음이 멈추질 않아요.

□ **likable** 라이커블 a. 호감이 가는, 마음에 드는

□ **trustworthy** 츠러숫워-디 a. 신용할 수 있는, 신뢰할 수 있는

　　□ **trust** 트러숫 n. 신뢰

□ **believable** 빌리-버블 a. 믿을 수 있는

□ **calm** 카암 a. 침착한

□ **relieved** 릴리-붓 a. 안심한, 안도한

□ sad 샛 a. 슬픈
  □ sadness 샛니(ㅅ) n. 슬픔

  I'm feelng sad.
  아임 피-링 샛
  슬퍼요.

□ miserable 미저러블 a. 비참한

  I feel miserable.
  아이 피일 미저러블
  비참하네유.

□ nasty 내스티 a. 심술궂은

□ disappointed 디서퍼인팃 a. 실망한, 낙담한
  □ disappointment 디서퍼인트먼(ㅌ) n. 실망

  That disappointed me.
  댓 디서퍼인팃 미
  그거 실망인데.

□ nervous 너-버(ㅅ) a. 신경과민의, 초조해하는

  He has a nervous temperament.
  히 해즈 어 너-버(ㅅ) 템퍼러먼(ㅌ)
  그는 신경질적인 기질을 가졌다.

□ sensitive 센서티(ㅂ) a. 신경질적인, 민감한

□ shameful 쉐임펄 a. 부끄러운
  □ shame 쉐임 n. 부끄러움, 수치심

  She blushed out of shame.
  쉬 블러쉬 타웃 어(ㅂ) 쉐임
  그녀는 부끄러움에 얼굴을 붉혔다.

□ annoyed 어너잇 a. 짜증 난, 화가 난

  I'm very annoyed.
  아임 베리 어너잇
  너무 화가 나요.

□ anxious 앵셔(ㅅ) a. 불안한

□ horrible 허-러블 a. 무서운
  □ horror 허-러 n. 공포, 무서움

□ painful 페인펄 a. 고통스러운
  □ pain 페인 n. 고통

□ inconvenient 인컨비-년(ㅌ) a. 불편한

□ troublesome 츠러블섬 a. 성가신, 말썽부리는

□ character 캐릭터 n. 성격

□ good 굿 a. 착한

He has a good heart but poor sense.
히 해즈 어 굿 하-(ㅌ) 벗 푸어 센(ㅅ)
그는 마음은 착하지만 센스가 부족해요.

□ kind 카인(ㄷ) a. 친절한

□ humble 험블 a. 겸손한

□ honest 아니슷 a. 정직한

□ gentle 젠틀 a. 다정한

□ scrupulous 스크루-풀러(ㅅ) a. 세심한

□ thoughtful 써엇펄 a. 사려 깊은

□ active 액티(ㅂ) a. 적극적인

She is very active in everything.
쉬 이즈 베리 액티 빈 에브리씽
그녀는 매사에 적극적이에요.

59

□ extroverted 엑스츠러버-팃 a. 외향적인

□ friendly 프렌들리 a. 우호적인

□ passive 패시(ㅂ) a. 수동적인

□ timid 티밋 a. 소심한

□ shy 샤이 a. 부끄럼 타는

I'm very shy by nature.
아임 베리 샤이 바이 네이쳐
저는 천성적으로 수줍음을 잘 타요.

□ reticent 레티쓴(ㅌ) a. 과묵한

□ cautious 커-셔(ㅅ) a. 신중한

□ gloomy 글루-미 a. 우울한

□ sorrowful 서-러펄 a. 비통한

□ bad 뱃 a. 나쁜, 부도덕한

□ arrogant 애러건(ㅌ) a. 오만한

□ rude 루-(ㄷ) a. 무례한

□ greedy 그리-디 a. 탐욕스러운

□ selfish 셀피쉬 a. 이기적인

He has a selfish personality.
히 해즈 어 셀피쉬 퍼-스낼러티
그는 너무 이기적이에요.

□ idle 아이들 a. 게으른
　　□ idleness 아이들니(ㅅ) n. 게으름

□ **pessimistic** 페서미스틱 a. 비관적인

> You are too pessimistic.
> 유 아− 투− 페서미스틱
> 넌 너무 비관적이야.

tip. 반대로 쓸 수 있는 말은 '낙관적인, 긍정적인'이라는 뜻의 positive가 있습니다.

□ **negative** 네거티(ㅂ) a. 부정적인, 소극적인

□ **rough** 럽 a. 거친

□ **brusque** 브러슥 a. 무뚝뚝한

04. 교통체증

꼭! 써먹는 **실전 회화**

Mary I don't like New York.
아이 도운(트) 라익 누−여억
난 뉴욕이 싫어.

Tom Why? You said New York was a wonderful city yesterday.
와이? 유 셋 누−여억 워즈 어 원더펄 씨티 예스터데이
왜? 어제는 뉴욕이 멋진 도시라고 했잖아.

Mary Yes, I did. But today I was late for work because of a traffic jam.
예스, 아이 디(드). 벗 터데이 아이 워즈 레잇 퍼 워−(ㅋ) 비커− 저(ㅂ) 더 츠래픽 잼
그래. 하지만 오늘 아침 교통체증 때문에 회사에 지각했거든.

Tom Don't be so negative.
도운(트) 비− 소우− 네거티(ㅂ)
그렇게 비관하지 마.

□ **meeting** 미-팅
　n. 만남

□ **meet** 미잇
　v. 만나다

□ **date** 데잇
　n. 데이트

□ **go out** 고우 아웃
　데이트하다

□ **ideal type** 아이디-얼 타입
　이상형

□ **sweetheart** 스위잇하-(ㅌ)
　n. 애인, 연인

□ **lover** 러버
　n. 애인, 연인

□ **boyfriend** 보이프렌(ㄷ)
　n. 남자 친구

□ **girlfriend** 거얼프렌(ㄷ)
　n. 여자 친구

☐ like 라익
  v. 좋아하다

☐ love 러(ㅂ)
  n. 사랑, 애정 v. 사랑하다

☐ hug 헉
  n. 포옹 v. 포옹하다

☐ kiss 키(ㅅ)
  n. 입맞춤, 키스 v. 키스를 하다

☐ fall in love 퍼얼 인 러(ㅂ)
  사랑에 빠지다

☐ love at first sight 러 뱃 퍼-슷 사잇
  첫눈에 반하다

☐ have a crush on 해 버 크러쉬 언
  ~에게 홀딱 반하다

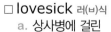

☐ miss 미(ㅅ)
  v. 그리워하다

☐ lovesick 러(ㅂ)식
  a. 상사병에 걸린

☐ together 터게더
  adv. 함께

63

□ jealous 젤러(ㅅ)
   a. 질투하는

□ jealousy 젤러시
   n. 질투

□ relationship 릴레이션쉽
   n. 관계

□ trouble 츠러블
   n. 갈등

□ break up 브레익 업
   이별하다, 헤어지다

□ lie 라이
   n. 거짓말 v. 거짓말하다

□ tell a lie 텔 어 라이
   거짓말하다

□ cheat 치잇
   v. 속이다

□ cheat on 치잇 언
   바람을 피우다

□ dump 덤(ㅍ)
   v. (애인을) 버리다

□ forget 퍼겟
   v. 잊다

□ marry 메리
　v. ~와 결혼하다

□ marriage 메리쥐
　n. 결혼

□ wedding 웨딩
　n. 결혼

□ wedding ceremony 웨딩 쎄러모우니
　결혼식

□ wedding ring 웨딩 링
　결혼반지

□ husband 허즈번(ㄷ)
　n. 남편

□ father-in-law 파-더인러-
　n. 장인, 시아버지

□ propose 프러포우(ㅈ)
　v. 청혼하다

□ proposal 프러포우절
　n. 청혼

□ wedding invitation 웨딩 인비테이션
　청첩장

□ wedding dress 웨딩 드레(ㅅ)
　웨딩드레스

□ wife 와이(ㅍ)
　n. 아내

□ mother-in-law 머더인러-
　n. 장모, 시어머니

☐ meeting 미-팅 n. 만남

    ☐ meet 미잇 v. 만나다

I'm here to meet Mr. Parker.
아임 히어 투 미잇 미스터 파-커
파커 씨를 만나러 왔습니다.

☐ date 데잇 n. 데이트

    ☐ go out 고우 아웃 데이트하다

    ☐ blind date 블라인(ㄷ) 데잇 소개팅

How was your date?
하우 워즈 유어 데잇?
데이트 어땠어요?

Set me up for a blind date.
셋 미 업 피 어 블라인(ㄷ) 데잇
소개팅 시켜 줘.

☐ make a friend 메익 어 프렌(ㄷ) 친구를 사귀다

☐ ideal type 아이디-얼 타입 이상형

☐ sweetheart 스위잇하-(ㅌ) n. 애인, 연인

☐ boyfriend 버이프렌(ㄷ) n. 남자 친구

    ☐ ex-boyfriend 엑(ㅅ)버이프렌(ㄷ) (헤어진) 남자 친구

Does she have a boyfriend?
더즈 쉬 해 버 버이프렌(ㄷ)?
그녀에게 남자 친구 있어?

☐ girlfriend 거얼프렌(ㄷ) n. 여자 친구

    ☐ ex-girlfriend 엑(ㅅ)거얼프렌(ㄷ) (헤어진) 여자 친구

I am between girlfriends.
아이 앰 빗윈 거얼프렌(ㅈ)
난 여자 친구 없어.

☐ like 라익 v. 좋아하다

□ love 러(ㅂ) n. 사랑, 애정 v. 사랑하다

    □ lover 러버 n. 애인, 연인 ⟿ **tip.** 보통 육체관계가 있는 깊은 사이의 애인을 가리킵니다.

I am in love with you.
아이 앰 인 러(ㅂ) 윗 유
널 사랑해.

□ chemistry 케머스츠리 n. 공감대, 궁합 ⟿ **tip.** 원래 뜻은 '화학, (사람 사이의) 화학 반응' 입니다.

□ appeal 어피일 n. 매력 v. 흥미를 끌다

□ charming 차-밍 a. 매력적인

□ hit on 힛 언 꼬시다

    = pick up 픽 업

Are you hitting on me?
아- 유 히딩 언 미?
나한테 치근덕거리는 거야?

□ physical contact 피지컬 칸택(ㅌ) 스킨십, 신체적 접촉

□ hug 헉 n. 포옹 v. 포옹하다

□ kiss 키(ㅅ) n. 입맞춤, 키스 v. 키스를 하다

Your kiss is the sweetest thing I've ever felt.
유어 키 시즈 더 스위-티슷 씽 아이 베버 펠(ㅌ)
당신의 키스는 최고로 달콤해.

□ wink 윙(ㅋ) n. 윙크, 눈짓 v. 윙크하다

□ fall in love 퍼얼 인 러(ㅂ) 사랑에 빠지다

    □ have a crush on 해 버 크러쉬 언 ~에게 홀딱 반하다
    □ love at first sight 러 뱃 퍼-숫 사잇 첫눈에 반하다

I have a crush on Mary.
아이 해 버 크러쉬 언 메리
나는 메리에게 완전히 반했어요.

□ miss 미(ㅅ) v. 그리워하다

□ lovesick 러(ㅂ)식 a. 상사병에 걸린

> I'm lovesick.
> 아임 러(ㅂ)식
> 난 상사병에 걸렸어.

□ together 터게더 adv. 함께

□ jealous 젤러(ㅅ) a. 질투하는
  □ jealousy 젤러시 n. 질투

□ relationship 릴레이션쉽 n. 관계

> Our relationship is going sour.
> 아워 릴레이션쉽 이즈 고우잉 사우어
> 우리 관계는 위기에 처해 있어요.

□ trouble 츠러블 n. 갈등

□ lie 라이 n. 거짓말 v. 거짓말하다
  □ tell a lie 텔 어 라이 거짓말하다

□ cheat 치잇 v. 속이다
  □ cheat on 치잇 언 바람을 피우다

□ betray 비츠레이 v. 배신하다

□ break up 브레익 업 이별하다, 헤어지다

> I broke up with him.
> 아이 브로욱 업 윗 힘
> 난 그와 헤어졌어.

□ dump 덤(ㅍ) v. (애인을) 버리다

> I dumped him.
> 아이 덤(ㅌ) 힘
> 내가 그를 찼지.

□ forget 퍼겟 v. 잊다

□ bachelor 배철러 n. 미혼 남자, 독신자
  □ single man 싱글 맨 미혼남
  □ single woman 싱글 우먼 미혼녀

□ engage 인게이쥐 v. 약혼하다
  □ fiancé 피-아앙세이 n. 약혼자(남자)
  □ fiancée 피-아앙세이 n. 약혼녀

tip. 발음은 차이가 없고 스펠링만 다르게 씁니다.

□ marry 메리 v. ~와 결혼하다
  □ marriage 메리쥐 n. 결혼

  Would you marry me?
  우 쥬 매리 미?
  저와 결혼해 주시겠어요?

□ propose 프러포우(ㅈ) v. 청혼하다
  □ proposal 프러포우절 n. 청혼

  Chris proposed to me.
  크리(ㅅ) 프러포우즛 투 미
  크리스가 나한테 청혼했어.

  I accepted his proposal.
  아이 액쎕팃 히스 프러포우절
  나는 청혼을 받아들였다.

□ wedding 웨딩 n. 결혼
  □ wedding ceremony 웨딩 쎄러모우니 결혼식

□ wedding invitation 웨딩 인비테이션 청첩장

  This is our wedding invitation.
  디스 이즈 아워 웨딩 인비테이션
  이건 우리 청첩장이야.

□ wedding ring 웨딩 링 결혼반지

□ wedding dress 웨딩 드레(ㅅ) 웨딩드레스
    □ veil 베일 n. 베일, 면사포
    □ bridal bouquet 브라이들 보우케이 부케

□ wedding reception 웨딩 리쎕션 피로연

□ groom 그루움 n. 신랑
    = bridegroom 브라이(ㄷ)그루움
    □ groomsman 그루움(ㅅ)먼 n. 신랑 들러리 •

□ bride 브라이(ㄷ) n. 신부
    □ bridesmaid 브라이(ㅈ)메잇 n. 신부 들러리 •

tip. 들러리 중 대표를
best man(신랑),
maid of honor(신부)
라고 합니다.

What a beautiful bride!
왓 어 뷰-터펄 브라이(ㄷ)!
신부가 참 아름다워요!

□ celebrate 쎌러브레잇 v. 축하하다
    □ celebration 쎌러브레이션 n. 축하, 축하 인사

□ congratulation 컨그래츄레이션 n. 축하, 축하의 말 interj. 축하합니다

Congratulations on your wedding.
컨그래츄레이션 선 유어 웨딩
두 분의 결혼을 진심으로 축하합니다.

tip. congratulations는 상대방이 노력하여 성공한 특별한 일에 대해 축하한다고 하는 말로,
    s를 붙여 감탄사로 쓰입니다.

□ anniversary 애너버-서리 n. 기념일

□ honeymoon 허니무운 n. 신혼여행

□ couple 커플 n. 부부
    □ husband 허즈번(ㄷ) n. 남편
    □ wife 와이(ㅍ) n. 아내
    □ spouse 스파우(ㅅ) n. 배우자
    □ life partner 라이(ㅍ) 파-(ㅌ)너 반려자

☐ **father-in-law** 파-더인러- n. 장인, 시아버지

☐ **mother-in-law** 머더인러- n. 장모, 시어머니

☐ **brother-in-law** 브러더인러- n. 처남, 매부, 매형, 제부, 시동생, 시아주버니

☐ **sister-in-law** 시스터인러- n. 처제, 처형, 올케, 동서, 시누이

tip. 결혼 등으로 만들어지는 인척 관계를 나타낼 때는 가족 관계를 나타내는 말에 in-law를 붙여 만듭니다. 영어권에서는 우리말처럼 친인척 관계의 호칭이 발달되어 있지 않기 때문에, 우리말의 장인과 시아버지 모두 father-in-law라는 한 단어로 표현할 수 있습니다.

꼭! 써먹는 **실전 회화**

05. 데이트

Henry I met a girl named Jenny yesterday.
I think she's my type of girl.
아이 멧 어 거얼 네임(ㄷ) 제니 예스터데이. 아이 씽(ㅋ) 쉬(ㅈ) 마이 타입 어(ㅂ) 거얼
어제 제니라는 여자애를 만났어. 그 애는 내 스타일인 것 같아.

Tom Did you ask her out this weekend?
디 쥬 애슥 허 아웃 디스 위-켄(ㄷ)?
이번 주말에 데이트하자고 했어?

Henry Not yet. But I would like to go on a date with her.
낫 옛. 벗 아이 우(ㄷ) 라익 투 고우 언 어 데잇 윗 허
아직 안 했어. 하지만 그 애와 데이트하고 싶어.

Tom Then take her to a special place and tell her how you feel.
덴 테익 허 투 어 스페셜 플레이 쌘(ㄷ) 텔 허 하우 유 피일
그러면 그녀를 특별한 장소에 데려가서 네가 그녀를 어떻게 생각하는지 말해.

71

가족 Family 패멀리

□ family 패멀리
n. 가족

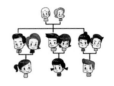

□ relative 렐러티(ㅂ)
n. 친척

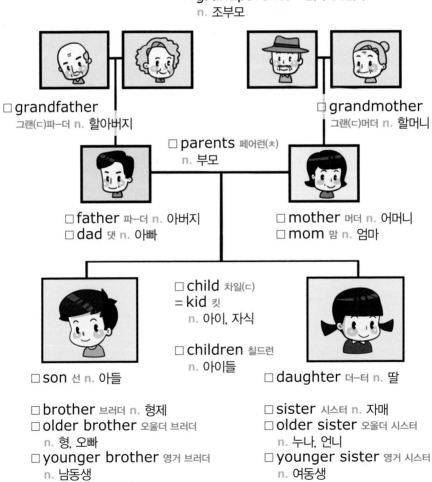

□ grandparents 그랜(ㄷ)페어런(ㅊ)
n. 조부모

□ grandfather
그랜(ㄷ)파-더 n. 할아버지

□ grandmother
그랜(ㄷ)머더 n. 할머니

□ parents 페어런(ㅊ)
n. 부모

□ father 파-더 n. 아버지
□ dad 댓 n. 아빠

□ mother 머더 n. 어머니
□ mom 맘 n. 엄마

□ child 차일(ㄷ)
= kid 킷
n. 아이, 자식

□ children 칠드런
n. 아이들

□ son 선 n. 아들

□ daughter 더-터 n. 딸

□ brother 브러더 n. 형제
□ older brother 오울더 브러더
n. 형, 오빠
□ younger brother 영거 브러더
n. 남동생

□ sister 시스터 n. 자매
□ older sister 오울더 시스터
n. 누나, 언니
□ younger sister 영거 시스터
n. 여동생

□ husband 허즈번(드)
n. 남편

□ wife 와이(프)
n. 아내

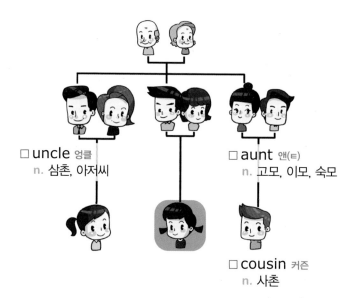

□ uncle 엉클
n. 삼촌, 아저씨

□ aunt 앤(트)
n. 고모, 이모, 숙모

□ cousin 커즌
n. 사촌

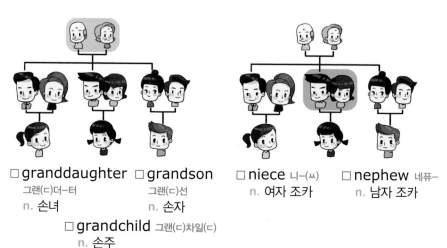

□ granddaughter
그랜(드)더-터
n. 손녀

□ grandson
그랜(드)선
n. 손자

□ niece 니-(씨)
n. 여자 조카

□ nephew 네퓨-
n. 남자 조카

□ grandchild 그랜(드)차일(드)
n. 손주

73

□ **old** 오울(드)
　a. 나이 많은

□ **adult** 어덜(트)
　n. 어른, 성인

□ **young** 영
　a. 젊은

□ **youth** 유–쓰
　n. 청년, 젊은이

□ **infant** 인펀(트) n. 유아
= **toddler** 토들러

□ **baby** 베이비
　n. 아기

□ **pregnant** 프렉넌(트)
　a. 임신한

□ **pregnancy** 프렉넌씨
　n. 임신

□ **expecting mom** 익스펙팅 맘
　임산부

□ **birth** 버–쓰
　n. 출생, 출산

□ **give birth to** 기(ㅂ) 버–쓰 투
　출산하다

□ **nurse** 너–(ㅅ)
　v. 수유하다

□ **breast milk** 브레슷 밀(ㅋ)
　모유

□ **powdered milk** 파우더(드) 밀(ㅋ)
　분유

□ **nursing bottle** 너–싱 바들
　젖병

□ **diaper** 다이어퍼
　n. 기저귀
　v. 기저귀를 채우다

□ **bring up** 브링 업
기르다, 양육하다

□ **take care of** 테익 케어 어(ㅂ)
돌보다

□ **baby-sitter** 베이비시더
n. 보모

□ **nanny** 내니
n. 유모

□ **stroller** 스츠로울러
n. 유모차

□ **crib** 크립
n. (테두리 난간이 있는) 유아용 침대

□ **harmonious** 하-모우니어(ㅅ)
a. 화목한

□ **discord** 디스커-(ㄷ)
n. 불화

□ **separation** 세퍼레이션
n. 별거

□ **divorce** 디버-(ㅆ)
n. 이혼
v. 이혼하다

75

□ **family** 패멀리 n. 가족

After dinner all my family have coffee in the living room.
애(ㅍ)터 디너 어얼 마이 패멀리 해(ㅂ) 커-피 인 더 리빙 루움
저녁 식사 후에 우리 가족은 거실에서 커피를 마셔요.

□ **parents** 페어런(츠) n. 부모 ●———→ **tip.** parent는 아버지나 어머니 한쪽만을 말합니다.

All the parents will visit the teacher today.
어얼 더 페어런(츠) 윌 비짓 더 티-춰 터데이
오늘 모든 부모님들은 선생님을 방문하신다.

□ **father** 파-더 n. 아버지
　□ **dad** 댓 n. 아빠
　= **daddy** 대디

□ **mother** 머더 n. 어머니
　□ **mom** 맘 n. 엄마
　= **mommy** 마미

Do you look more like your mother or your father?
두 유 룩 머- 라익 유어 머더 어 유어 파-더?
당신은 어머니를 닮았어요, 아버지를 닮았어요?

□ **grandparents** 그랜(드)페어런(츠) n. 조부모

□ **grandfather** 그랜(드)파-더 n. 할아버지
　= **grandpa** 그랜(드)파- ●———→ **tip.** 할아버지와 할머니를 부르는 비격식 호칭입니다.

□ **grandmother** 그랜(드)머더 n. 할머니
　= **grandma** 그랜(드)마- ●

I'm much more like my grandmother on my mother's side.
아임 머춰 머- 라익 마이 그랜(드) 머더 언 마이 머더(ㅅ) 사이(드)
나는 외할머니를 닮았어요.

□ **brother** 브러더 n. 형제
　□ **older brother** 오울더 브러더 n. 형, 오빠
　□ **younger brother** 영거 브러더 n. 남동생

□ sister 시스터 n. 자매

    □ older sister 오울더 시스터 n. 누나, 언니

    □ younger sister 영거 시스터 n. 여동생

My sister resembles my father around the eyes.
마이 시스터 리젬블(ㅅ) 마이 파-더 어라운(ㄷ) 디 아이(ㅈ)
여동생은 눈 주위가 아버지를 닮았어요.

□ child 차일(ㄷ) n. 아이, 자식

    = kid 킷 ●━━━━━━━━━━→ **tip.** kid는 child보다 더 구어적 표현입니다.

    □ children 칠드런 n. 아이들 ●━→ **tip.** child의 복수형입니다.

It's dangerous for children to use gas stoves.
잇(ㅊ) 댄저러(ㅅ) 퍼 칠드런 투 유(ㅈ) 개(ㅅ) 스터(ㅂㅅ)
어린이들이 가스레인지를 사용하는 건 위험해요.

□ son 선 n. 아들

□ daughter 더-터 n. 딸

□ resemble 리젬블 a. 닮은, 비슷한

□ twins 트윈(ㅅ) n. 쌍둥이   ↗ **tip.** 쌍둥이는 두 명 이상이므로 복수형으로 쓰는데,
                                        쌍둥이 중 한 명을 가리킬 때는 s를 붙이지 않습니다.

    □ twin 트윈 n. 쌍둥이 중의 하나

    □ triplet 트리플릿 n. 세쌍둥이 중의 하나

    □ quadruplet 쿠앗러플릿 n. 네쌍둥이 중의 하나

    □ quintuplet 쿠인터플릿 n. 다섯쌍둥이 중의 하나

□ husband 허즈번(ㄷ) n. 남편

My husband snores in bed.
마이 허즈번(ㄷ) 스너- 신 벳
남편은 잠자리에서 코를 골아요.

□ wife 와이(ㅍ) n. 아내

My wife tosses and turns a lot in her sleep.
마이 와이(ㅍ) 터-시 샌(ㄷ) 터언 서 랏 인 허 슬리입
아내는 자면서 자꾸 뒤척여요.

□ **darling** 다-링 n. 여보, 얘야 ●━━━━━→ **tip.** 부부, 연인은 물론 부모 자식 간에도
  = **sweetheart** 스위잇하-(트)   사용할 수 있는 호칭입니다.
  = **honey** 허니

□ **son-in-law** 선인러- n. 사위

□ **daughter-in-law** 더-터인러- n. 며느리

□ **relative** 렐러티(ㅂ) n. 친척

□ **cousin** 커즌 n. 사촌

□ **grandchild** 그랜(ㄷ)차일(ㄷ) n. 손주
  □ **grandson** 그랜(ㄷ)선 n. 손자
  □ **granddaughter** 그랜(ㄷ)더-터 n. 손녀

□ **nephew** 네퓨- n. 남자 조카

□ **niece** 니-(ㅆ) n. 여자 조카

□ **uncle** 엉클 n. 삼촌, 아저씨

□ **aunt** 앤(트) n. 고모, 이모, 숙모

□ **old** 오울(ㄷ) a. 나이 많은

  tip. old가 수사와 함께 쓰이면 '~세의'라는 의미로 나이를 나타낼 수 있습니다.

□ **young** 영 a. 젊은

□ **adult** 어덜(트) n. 어른, 성인 ↔ **tip.** 미국이나 영국에서는 모두 18세 이상을 adult라고 합니다.

□ **youth** 유-쓰 n. 청년, 젊은이   **tip.** child와 adult의 중간에 해당하는 시기를 가리킵니다.

□ **infant** 인펀(트) n. 유아 ●━→ **tip.** infant는 미국 영어에서는 주로 1세 미만의 젖먹이 아이를,
  = **toddler** 토들러   영국이나 호주에서는 4~7세의 유치원생을 가리킵니다.
                                   toddler는 막 걸음마를 뗀 정도의 아기를 말합니다.

78

□ baby 베이비 n. 아기

I will look after the baby.
아이 윌 룩 애(ㅍ)터 더 베이비
아기는 내가 돌볼게요.

□ pregnant 프렉넌(ㅌ) a. 임신한
   □ pregnancy 프렉넌씨 n. 임신
   □ expecting mom 익스펙팅 맘 임산부

She's 8 months pregnant.
쉬즈 에잇 먼쓰(ㅈ) 프렉넌(ㅌ)
그녀는 임신 8개월이다.

□ morning sickness 머-닝 식니(ㅅ) (임신 초기에 흔히 오전에만 나타나는) 입덧

□ birth 버-쓰 n. 출생, 출산
   □ give birth to 기(ㅂ) 버-쓰 투 출산하다

tip. '태어나다'는 'be+born'이라고 씁니다.

□ baby due 베이비 듀- 출산예정일

When is the baby due?
웬 이즈 더 베이비 듀-?
출산예정일이 언제예요?

□ nurse 너-(ㅅ) v. 수유하다
   □ breast milk 브레슷 밀(ㅋ) 모유
   □ powdered milk 파우더(ㄷ) 밀(ㅋ) 분유
   □ nursing bottle 너-싱 바틀 젖병

□ diaper 다이어퍼 n. 기저귀 v. 기저귀를 채우다

Would you mind changing the diaper?
우 쥬 마인(ㄷ) 체인징 더 다이어퍼?
기저귀 좀 갈아 줄래요?

□ bring up 브링 업 기르다, 양육하다

She is bringing up her baby on the bottle.
쉬 이즈 브링잉 업 허 베이비 언 더 바들
그녀는 우유로 아기를 키우고 있어요.

□ take care of 테익 케어 어(ㅂ) 돌보다

I've found a person to take care of my baby.
아이(ㅂ) 파운 더 퍼-슨 투 테익 케어 어(ㅂ) 마이 베이비
아기 돌볼 사람을 찾았어요.

□ baby-sitter 베이비시더 n. 보모

I know a baby-sitter who has lots of experience.
아이 노우 어 베이비시더 후 해즈 랏 처(ㅂ) 익스피어리언(ㅆ)
나는 경험이 많은 보모를 알고 있어요.

□ nanny 내니 n. 유모

□ stroller 스츠로울러 n. 유모차
= baby carriage 베이비 캐리쥐

tip. stroller는 요즘 많이 사용하는 접을 수 있는 유모차를,
    baby carriage는 요람 모양에 바퀴가 달린 전형적인 유모차를 가리킵니다.

□ crib 크립 n. (테두리 난간이 있는) 유아용 침대

□ adopt 어답(ㅌ) v. 입양하다
    □ adopted child 어답틷 차일(ㄷ) 입양아
    □ adoptive parents 어답티(ㅂ) 페어런(ㅊ) 양부모

□ harmonious 하-모우니어(ㅅ) a. 화목한

□ discord 디스커-(ㄷ) n. 불화

□ separation 세퍼레이션 n. 별거
    □ separated 세퍼레이팃 a. 별거 중인
    = estranged 이스츠레인쥐(ㄷ)

□ **divorce** 디버-(ㅆ) n. 이혼 v. 이혼하다

They finally divorced each other.
데이 파이널리 디버-쓰 이-취 어더
그들은 결국 이혼했습니다.

□ **remarry** 리-매리 v. 재혼시키다, 재혼하다

  □ **remarriage** 리-매리쥐 n. 재혼

He remarried last month.
히 리매릿 래슷 먼쓰
그는 지난달에 재혼했습니다.

06. 가족 소개

꼭! 써먹는 **실전 회화**

Mary   Henry, do you have a brother or sister?
헨리, 두 유 해 버 브러더 어 시스터?
헨리, 넌 남자 형제나 여자 형제가 있니?

Henry   I have one younger brother.
He is 8 years younger than me.
아이 해(ㅂ) 원 영거 브러더. 히 이즈 에잇 이어(ㅅ) 영거 댄 미
남동생이 하나 있어. 그 앤 나보다 여덟 살 더 어려.

Mary   Do you get along with him?
두 유 겟 어러엉 윗 힘?
넌 동생과 사이가 좋니?

Henry   Yeah, but he is a mischievous little boy.
예어, 벗 히 이즈 어 미스춰버(ㅅ) 리틀 버이
응, 그렇지만 걘 좀 장난꾸러기야.

Exercise

다음 단어를 읽고 맞는 뜻과 연결하세요.

1. active •	• 가족
2. body •	• 감정
3. character •	• 결혼
4. face •	• 나이 많은
5. family •	• 남편
6. feel •	• 사랑
7. husband •	• 성격
8. love •	• 신체
9. marriage •	• 아내
10. old •	• 얼굴
11. wife •	• 적극적인
12. young •	• 젊은

1. active – 적극적인 2. body – 신체 3. character – 성격 4. face – 얼굴
5. family – 가족 6. feel – 감정 7. husband – 남편 8. love – 사랑
9. marriage – 결혼 10. old – 나이 많은 11. wife – 아내 12. young – 젊은

Chapter 3

자연

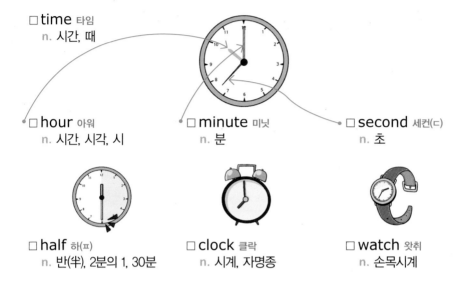

□ **time** 타임
n. 시간, 때

□ **hour** 아워
n. 시간, 시각, 시

□ **minute** 미닛
n. 분

□ **second** 세컨(ㄷ)
n. 초

□ **half** 하(ㅍ)
n. 반(半), 2분의 1, 30분

□ **clock** 클락
n. 시계, 자명종

□ **watch** 왓취
n. 손목시계

□ **morning** 머-닝
n. 아침, 오전

□ **wake up** 웨익 업
일어나다, 잠에서 깨다

□ **get up** 겟 업
(잠자리에서) 일어나다

□ **get out of bed** 겟 아웃 어(ㅂ) 벳
잠자리에서 일어나다

□ **breakfast** 브렉퍼슷
n. 아침 식사

84

□ noon 누운
   n. 정오, 한낮

□ lunch 런취
   n. 점심 식사

□ snack 스낵
   n. 간식 v. 간식을 먹다

□ evening 이-브닝
   n. 저녁

□ dinner 디너
   n. 저녁 식사

□ supper 서퍼
   n. 저녁 식사, 야참

□ night 나잇
   n. 밤

□ sleep 슬리입
   v. 자다

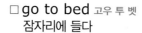
□ go to bed 고우 투 벳
   잠자리에 들다

□ dream 드리임
   n. 꿈 v. 꿈꾸다

□ nap 냅
   n. 낮잠, 졸기 v. 잠시 졸다

□ insomnia 인삼니어
   n. 불면증

□ doze 도우(ㅈ)
   n. 졸기 v. 선잠 자다

85

□ day 데이
    n. 날, 일(日)

□ calendar 캘린더
    n. 달력

□ week 위익
    n. 주(週)

□ weekend 위-켄(ㄷ)
    n. 주말

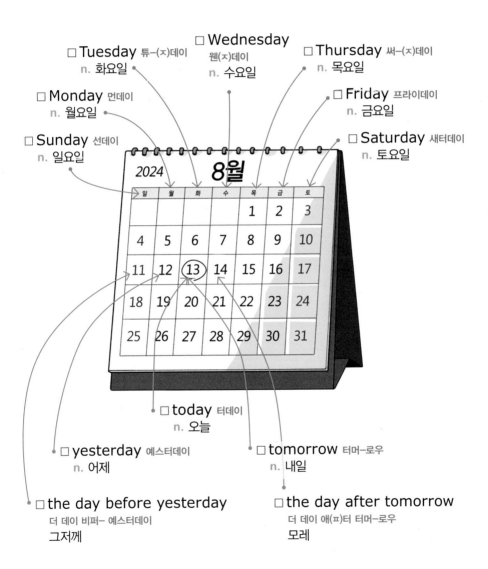

□ Tuesday 튜-(ㅈ)데이
    n. 화요일

□ Wednesday
    웬(ㅈ)데이
    n. 수요일

□ Thursday 써-(ㅈ)데이
    n. 목요일

□ Monday 먼데이
    n. 월요일

□ Friday 프라이데이
    n. 금요일

□ Sunday 선데이
    n. 일요일

□ Saturday 새터데이
    n. 토요일

2024   8월

일	월	화	수	목	금	토
				1	2	3
4	5	6	7	8	9	10
11	12	13	14	15	16	17
18	19	20	21	22	23	24
25	26	27	28	29	30	31

□ today 터데이
    n. 오늘

□ yesterday 예스터데이
    n. 어제

□ tomorrow 터머-로우
    n. 내일

□ the day before yesterday
    더 데이 비퍼- 예스터데이
    그저께

□ the day after tomorrow
    더 데이 애(ㅍ)터 터머-로우
    모레

86

□ **month** 먼쓰
　 n. 달, 월(月)

□ **January** 재뉴어리 n. 1월

□ **February** 펩루어리 n. 2월

□ **March** 마-취 n. 3월

□ **April** 에이프럴 n. 4월

□ **May** 메이 n. 5월

□ **June** 주운 n. 6월

□ **July** 줄라이 n. 7월

□ **August** 어-거슷 n. 8월

□ **September** 셉템버 n. 9월

□ **October** 악토우버 n. 10월

□ **November** 노우벰버 n. 11월

□ **December** 디쎔버 n. 12월

□ **year** 이어
　 n. 해, 년(年)

□ **annual** 애뉴얼
　 a. 1년의, 해마다의

□ **holiday** 할러데이
　 n. 공휴일, 축제일, 명절

□ **anniversary** 애너버-서리
　 n. 기념일

□ **century** 쎈처리
　 n. 세기(世紀), 100년

□ **period** 피-어리엇
　 n. 기간, 시기

□ **Christmas** 크리(ㅅ)머(ㅅ)
　 n. 성탄절

□ **Thanksgiving Day** 쌩(ㅅ)기빙 데이
　 추수감사절

□ **past** 패슷
　 a. 과거의, 옛날의

□ **the past** 더 패슷
　 과거

□ **present** 프레즌(ㅌ)
　 a. 현재의

□ **the present** 더 프레즌(ㅌ)
　 현재

□ **future** 퓨-춰
　 a. 미래의

□ **the future** 더 퓨-춰
　 미래

□ **time** 타임 n. 시간, 때

> **It's time to get up.**
> 잇(ㅊ) 타임 투 겟 업
> 일어날 시간이야!

□ **hour** 아워 n. 시간, 시각, 시(時)

> **May I come in one hour late tomorrow morning?**
> 메이 아이 컴 인 원 아워 레잇 터머-로우 머-닝
> 제가 내일 한 시간 늦게 출근해도 될까요?

□ **minute** 미닛 n. 분(分)

□ **second** 세컨(ㄷ) n. 초(秒)

□ **half** 하(ㅍ) n. 반(半), 2분의 1, 30분

□ **clock** 클락 n. 시계, 자명종

□ **watch** 왓취 n. 손목시계

□ **late** 레잇 a. 늦은 adv. 늦게

□ **early** 어-리 a. 이른 adv. 일찍이

> **I wake up early in the morning.**
> 아이 웨익 업 어-리 인 더 머-닝
> 전 아침 일찍 일어나요.

□ **dawn** 더언 n. 새벽(자정부터 동트기 전) v. 날이 새다

□ **morning** 머-닝 n. 아침, 오전

> **Good morning.**
> 굿 머-닝
> 안녕하세요. (아침 인사)

□ **noon** 누운 n. 정오, 한낮

☐ **evening** 이-브닝 n. 저녁

Good evening.
굿 이-브닝
안녕하세요. (저녁 인사)

☐ **night** 나잇 n. 밤

Good night.
굿 나잇
잘 자요.

☐ **wake up** 웨익 업 일어나다, 잠에서 깨다

☐ **get up** 겟 업 (잠자리에서) 일어나다
   ☐ **get out of bed** 겟 아웃 어(ㅂ) 벳 잠자리에서 일어나다

tip. wake up은 잠에서 깬다는 상태에 초점을 맞췄다면, get up은 잠자리에서 일어난 동작을 표현하는 말입니다.

Get up now, or you'll be late.
겟 업 나우, 어 유일 비- 레잇
일어나, 늦겠어.

☐ **alarm** 얼라암 n. 알람
   ☐ **alarm clock** 얼라암 클락 알람시계
   ☐ **wake-up call** 웨익업 커얼 모닝콜

☐ **oversleep** 오우버슬리입 v. 늦게 일어나다, 늦잠을 자다

Oh no, I overslept.
오우 노우, 아이 오우버슬렙(ㅌ)
이런, 늦잠을 잤네.

☐ **wash** 워쉬 v. 씻다
   ☐ **wash up** 워쉬 업 세수하다
   ☐ **wash one's hair** 워쉬 원(ㅅ) 헤어 머리를 감다

Wash your hands first.
워쉬 유어 핸(ㅈ) 퍼-슷
손부터 씻어야지.

☐ **brush one's teeth** 브러쉬 원(ㅅ) 티-쓰 이를 닦다

□ **take a shower** 테익 어 샤워 샤워하다

    □ **take a bath** 테익 어 배쓰 목욕하다 ←→ **tip.** '목욕하다'라는 동사로,
                                           영국에서는 bath,
                                           미국에서는 bathe라고 합니다.

    I take a shower every day.
    아이 테익 어 샤워 에브리 데이
    난 매일 샤워를 해요.

□ **breakfast** 브렉퍼슷 n. 아침 식사

    Breakfast is ready!
    브렉퍼슷 이즈 레디!
    아침 식사 다 됐어요!

□ **lunch** 런취 n. 점심 식사

□ **snack** 스낵 n. 간식 v. 간식을 먹다

□ **dinner** 디너 n. 저녁 식사

    □ **supper** 서퍼 n. 저녁 식사, 야참 ←→ **tip.** dinner보다 가볍게 먹는
                                             저녁 식사를 가리킵니다.

□ **go to bed** 고우 투 벳 잠자리에 들다

    It's time to go to bed.
    잇(츠) 타임 투 고우 투 벳
    잠자리에 들 시간이야.

□ **sleep** 슬리입 v. 자다

    I slept well last night.
    아이 슬렙(ㅌ) 웰 래슷 나잇
    지난밤에는 푹 잤어요.

□ **nap** 냅 n. 낮잠, 졸기 v. 잠시 졸다

□ **doze** 도우(ㅈ) n. 졸기 v. 선잠 자다

□ **insomnia** 인삼니어 n. 불면증

□ **snore** 스노– v. 코를 골다

☐ **dream** 드리임 n. 꿈 v. 꿈꾸다

Sweet dreams!
스위잇 드리임(ㅅ)
좋은 꿈 꿔!

☐ **nightmare** 나잇메어 n. 악몽

☐ **day** 데이 n. 날, 일(日)

Have a nice day.
해 버 나이(ㅆ) 데이
좋은 하루 보내요.

☐ **week** 위익 n. 주(週)

It took a week to arrange my new apartment.
잇 툭 어 위익 투 어랜쥐 마이 누- 아파-트먼(ㅌ)
새집을 정리하는 데 일주일이나 걸렸어요.

☐ **month** 먼쓰 n. 달, 월(月)

Your rent is due on the 1st of each month.
유어 렌 티즈 듀- 언 더 퍼-슷 어 비-취 먼쓰
월세는 매월 1일에 내시면 됩니다.

☐ **year** 이어 n. 해, 년(年)

☐ **date** 데잇 n. 날짜

☐ **calendar** 캘린더 n. 달력

☐ **holiday** 할러데이 n. 공휴일, 축제일, 명절

☐ **Christmas** 크리(ㅅ)머(ㅅ) n. 성탄절

Christmas is almost here.
크리(ㅅ)머 시즈 어얼모우슷 히어
크리스마스가 거의 다 됐다.

□ **Easter** 이–스터 n. 부활절

Happy Easter!
해피 이–스터!
부활절을 축하합시다!

□ **Thanksgiving Day** 쌩(ㅅ)기빙 데이 추수감사절

On Thanksgiving Day, most Americans get together with their family.
언 쌩(ㅅ)기빙 데이, 모우슷 어메리컨(ㅅ) 겟 터게더 윗 데어 패멀리
추수감사절에, 대부분의 미국인들은 가족들과 함께 보내요.

□ **Halloween** 핼로우이인 n. 핼러윈(10월 31일 밤)

Halloween is on October 31st.
핼로우이인 이즈 악토우버 써–티 퍼–슷
핼러윈은 10월 31일이에요.

□ **Valentine's Day** 밸런타인(ㅅ) 데이 밸런타인데이

There's something I want to give you on Valentine's Day.
데어(ㅈ) 섬씽 아이 원(ㅌ) 투 기 뷰 언 밸런타인(ㅅ) 데이
이번 밸런타인데이에 네게 주고 싶은 게 있어.

□ **birthday** 버–쓰데이 n. 생일

Happy birthday!
해피 버–쓰데이!
생일 축하합니다!

□ **anniversary** 애너버–서리 n. 기념일

□ **January** 재뉴어리 n. 1월

□ **February** 펩루어리 n. 2월

□ **March** 마–취 n. 3월

□ **April** 에이프럴 n. 4월

□ May 메이 n. 5월

□ June 주운 n. 6월

□ July 줄라이 n. 7월

□ August 어-거슷 n. 8월

□ September 셉템버 n. 9월

□ October 악토우버 n. 10월

□ November 노우벰버 n. 11월

□ December 디쎔버 n. 12월

□ Sunday 선데이 n. 일요일 ⟶ **tip.** 미국에서는 일주일의 순서를 일요일부터 시작합니다.

> I'd like to stay 3 nights and check out Sunday morning.
> 아이(ㄷ) 라익 투 스테이 쓰리- 나잇 챈(ㄷ) 첵 아웃 선데이 머-닝
> 3박 하고 일요일 오전에 체크아웃하려고 합니다.

□ Monday 먼데이 n. 월요일

□ Tuesday 튜-(ㅈ)데이 n. 화요일

□ Wednesday 웬(ㅈ)데이 n. 수요일

□ Thursday 써-(ㅈ)데이 n. 목요일

□ Friday 프라이데이 n. 금요일

□ Saturday 새터데이 n. 토요일

> We don't work on Saturday.
> 위 도운(ㅌ) 워- 컨 새터데이
> 토요일에는 근무하지 않습니다.

□ **yesterday** 예스터데이 n. 어제

I went straight to bed yesterday.
아이 웬(트) 스츠레잇 투 벳 예스터데이
어제는 바로 잠자리에 들었어요.

□ **the day before yesterday** 더 데이 비퍼- 예스터데이 그저께

□ **today** 터데이 n. 오늘

You look under the weather today.
유 룩 인디 디 웨더 터데이
오늘 안 좋아 보이네요.

□ **tomorrow** 터머-로우 n. 내일

See you tomorrow.
시- 유 터머-로우
내일 봐요.

□ **the day after tomorrow** 더 데이 애(ㅍ)터 터머-로우 모레

□ **weekend** 위-켄(ㄷ) n. 주말

Have a nice weekend.
해 버 나이(ㅅ) 위-켄(ㄷ)
즐거운 주말 보내요.

□ **annual** 애뉴얼 a. 1년의, 해마다의

□ **century** 쎈처리 n. 세기(世紀), 100년

□ **period** 피-어리엇 n. 기간, 시기

□ **past** 패슷 a. 과거의, 옛날의
　□ **the past** 더 패슷 과거

□ **present** 프레즌(ㅌ) a. 현재의
　□ **the present** 더 프레즌(ㅌ) 현재

□ **future** 퓨-춰 a. 미래의
    □ **the future** 더 퓨-춰 미래

□ **lately** 레잇리 adv. 요즘, 최근에, 얼마 전에

    I haven't seen much of you lately.
    아이 해븐(ㅌ) 시인 머취 어 뷰 레잇리
    요즘 당신을 보기 힘드네요.

□ **recently** 리-쓴틀리 adv. 최근에

□ **these days** 디-즈 데이(ㅈ) (과거와 비교해서) 요즘, 최근

07. 크리스마스

꼭! 써먹는 **실전 회화**

Tom   What will you do on Christmas?
        왓 윌 유 두 언 크리(ㅅ)머(ㅅ)?
        크리스마스에 뭐 할 거니?

Mary   I will go to church to worship. And you?
        아이 윌 고우 투 처-취 투 워-쉽. 앤 쥬?
        나는 교회에 예배드리러 가려고. 너는?

Tom   I will have a Christmas party at my home.
        Will you come?
        아이 윌 해 버 크리(ㅅ)머(ㅅ) 파-티 앳 마이 호움. 윌 유 컴?
        나는 집에서 크리스마스 파티를 할 거야. 올래?

Mary   I want to go, but I have another appointment that day.
        아이 원(ㅌ) 투 고우, 벗 아이 해 버나더 어퍼인(ㅌ)먼(ㅌ) 댓 데이
        나도 가고 싶지만, 그날 다른 약속이 있어.

☐ **weather** 웨더
  n. 날씨

☐ **fine** 파인
  a. 맑은, 좋은

☐ **shine** 샤인
  n. 맑은 날씨 v. 빛나다

☐ **warm** 워엄
  a. 따뜻한

☐ **hot** 핫
  a. 뜨거운, 더운

☐ **cool** 쿠울
  a. 시원한, 서늘한

☐ **cold** 코울(드)
  a. 추운, 차가운

☐ **sun** 선
  n. 태양, 해

☐ **sunny** 서니
  a. 화창한, 햇빛이 잘 드는

☐ **cloud** 클라웃
  n. 구름

☐ **cloudy** 클라우디
  a. 흐린, 구름이 낀

☐ **wind** 윈(드)
  n. 바람

☐ **fog** 퍼억
  n. 안개

□ rain 레인
　n. 비 v. 비가 오다

□ shower 샤워
　n. 소나기

□ umbrella 엄(ㅂ)렐러
　n. 우산

□ flood 플럿
　n. 홍수

□ hail 헤일
　n. 우박

□ dry 드라이
　a. 건조한

□ drought 드라웃
　n. 가뭄

□ storm 스터엄 n. 폭풍

□ typhoon 타이푸운
　n. 태풍, (북서태평양) 폭풍

□ hurricane 허-러케인
　n. 허리케인, (북중미) 폭풍

□ cyclone 싸이클로운
　n. 사이클론, (인도양) 폭풍

□ thunder 썬더
　n. 천둥, 우뢰

□ lightning 라잇닝
　n. 번개, 번갯불

□ ice 아이(ㅆ)
　n. 얼음 v. 얼리다

□ freeze 프리-(ㅈ)
　v. 얼다

□ **season** 시-즌
  n. 계절

□ **spring** 스프링
  n. 봄

□ **rainbow** 레인보우
  n. 무지개

□ **seed** 시잇
  n. 씨, 씨앗

□ **flower bud** 플라워 벗
  꽃봉오리

□ **summer** 서머
  n. 여름

□ **humid** 휴-밋
  a. 습한, 축축한

□ **sweltering** 스웰터링
  a. 무더운, 무더위에 지친

□ **yellow dust** 옐로우 더슷
  황사

☐ fall 퍼얼 n. 가을
= autumn 어-텀

☐ autumn colors 어-텀 컬러(ㅅ)
단풍

☐ fallen leaves 펄-런 리-브(ㅅ)
낙엽

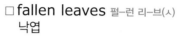

☐ maple 메이플
   n. 단풍나무

☐ harvest 하-비슷
   n. 수확 v. 수확하다

☐ winter 윈터
   n. 겨울

☐ snow 스노우
   n. 눈 v. 눈이 오다

☐ temperature 템퍼러춰
   n. 온도

☐ climate 클라이밋
   n. 기후

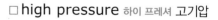

☐ high pressure 하이 프레셔 고기압

☐ low pressure 로우 프레셔 저기압

☐ weather forecast 웨더 퍼-캐슷
일기예보

☐ ultraviolet rays 얼츠러바이얼릿 레이(ㅅ)
자외선

99

☐ **weather** 웨더 n. 날씨

How's the weather today?
하우(ㅈ) 더 웨더 터데이?
오늘 날씨가 어때요?

☐ **weather forecast** 웨더 퍼-캐슷 일기예보

☐ **fine** 파인 a. 맑은, 좋은

It's a fine day today, isn't it?
잇 처 파인 네이 티데이, 이즌 팃?
오늘 날씨가 참 좋죠?

☐ **shine** 샤인 n. 맑은 날씨 v. 빛나다

☐ **warm** 워엄 a. 따뜻한

☐ **hot** 핫 a. 뜨거운, 더운

It is hot in here.
잇 이즈 핫 인 히어
이 안은 무척 덥네요.

☐ **cool** 쿠울 a. 시원한, 서늘한

☐ **cold** 코울(ㄷ) a. 추운, 차가운

It's getting colder and colder.
잇(ㅊ) 게딩 코울더 앤(ㄷ) 코울더
날씨가 점점 추워지고 있어요.

tip. 'get+비교급'은 '점점 ~해지다'라는 뜻으로 쓰이는 구문입니다.

☐ **sun** 선 n. 태양, 해

☐ **sunny** 서니 a. 화창한, 햇빛이 잘 드는

It's very sunny.
잇(ㅊ) 베리 서니
아주 화창해요.

☐ cloud 클라웃 n. 구름

☐ cloudy 클라우디 a. 흐린, 구름이 낀

It's cloudy.
잇(ㅊ) 클라우디
날씨가 흐려요.

☐ wind 윈(ㄷ) n. 바람

☐ breeze 브리-(ㅈ) n. 산들바람 v. 산들바람이 불다

An autumn breeze blows softly.
언 어-텀 브리-(ㅈ) 블로우(ㅅ) 서-풋리
가을 바람이 살랑거리네요.

☐ air 에어 n. 공기, 대기

I think spring is in the air.
아이 씽(ㅋ) 스프링 이즈 인 디 에어
봄 기운이 완연하네요.

☐ fog 퍼억 n. 안개

☐ rain 레인 n. 비 v. 비가 오다
　　☐ rainfall 레인퍼얼 n. 강수량

It's raining.
잇(ㅊ) 레이닝
비가 와요.

☐ shower 샤워 n. 소나기

☐ umbrella 엄(ㅂ)렐러 n. 우산

☐ flood 플럿 n. 홍수

☐ hail 헤일 n. 우박

□ **dry** 드라이 a. 건조한

□ **drought** 드라웃 n. 가뭄

It was an unprecedented drought.
잇 워즈 언 언프레씨던팃 드라웃
사상 최악의 가뭄이었어요.

□ **storm** 스터엄 n. 폭풍   •━━━━━→ **tip.** 지역에 따라 달리 부릅니다.

   □ **typhoon** 타이푸운 n. 태풍, (북서태평양) 폭풍

   □ **hurricane** 허-러케인 n. 허리케인, (북중미) 폭풍

   □ **cyclone** 싸이클로운 n. 사이클론, (인도양) 폭풍

A typhoon is coming.
어 타이푸운 이즈 커밍
태풍이 다가오고 있어요.

□ **thunder** 썬더 n. 천둥, 우뢰

Can you hear the thunder?
캔 유 히어 더 썬더?
천둥 소리 들려요?

□ **lightning** 라잇닝 n. 번개, 번갯불

□ **ice** 아이(ㅆ) n. 얼음 v. 얼리다

□ **freeze** 프리-(ㅈ) v. 얼다

It's freezing.
잇(ㅊ) 프리-징
얼어붙는 듯이 추워요.

□ **frost** 프러-숫 n. 서리 v. 서리가 내리다

   □ **frostbite** 프러-숫바잇 n. 동상

The windows are frosted.
더 윈도우 사- 프러-스팃
창문에 서리가 내렸어요.

□ **season** 시-즌 n. 계절

This is the season for strawberries.
디스 이즈 더 시-즌 퍼 스츠러-베리(스)
지금은 딸기가 제철이에요.

□ **spring** 스프링 n. 봄

Spring is just around the corner.
스프링 이즈 저슷 어라운(드) 더 커-너
봄이 코 앞에 다가왔어요.

□ **rainbow** 레인보우 n. 무지개

□ **seed** 시잇 n. 씨, 씨앗

    □ **sprout** 스프라웃 v. 싹트다, 움트다
    □ **flower bud** 플라워 벗 꽃봉오리

□ **summer** 서머 n. 여름

□ **humid** 휴-밋 a. 습한, 축축한

It's humid outside.
잇(ㅊ) 휴-밋 아웃사이(드)
밖은 눅눅해요.

□ **sweltering** 스웰터링 a. 무더운, 무더위에 지친

It's sweltering hot.
잇(ㅊ) 스웰터링 핫
날씨가 무더워요.

□ **heatstroke** 히잇스츠로욱 n. 열사병

□ **yellow dust** 옐로우 더슷 황사

Authorities issued a yellow dust warning today.
어써-러티(ㅈ) 이슈- 더 옐로우 더슷 워-닝 터데이
당국이 오늘 황사 경보를 발령했습니다.

□ **fall** 퍼얼 n. 가을

= **autumn** 어-텀

Fall has flown by.
퍼얼 해즈 플로운 바이
가을은 눈깜박할 사이에 지나갔어요.

□ **autumn colors** 어-텀 컬러(ㅅ) 단풍

□ **maple** 메이플 n. 단풍나무
□ **ginkgo** 긴코 n. 은행나무
□ **fallen leaves** 펄-런 리-브(ㅅ) 낙엽

□ **harvest** 하-비슷 n. 수확 v. 수확하다

Autumn is the harvest season.
어-텀 이즈 더 하-비슷 시-즌
가을은 결실의 계절입니다.

□ **winter** 윈터 n. 겨울

I don't really like cold winters.
아이 도운(ㅌ) 리얼리 라익 코울(ㄷ) 윈터
저는 정말 겨울을 싫어해요.

□ **snow** 스노우 n. 눈 v. 눈이 오다

□ **snowman** 스노우맨 n. 눈사람
□ **snowflake** 스노우플레익 n. 눈송이
□ **snowball** 스노우버얼 n. 눈덩이
□ **snowball fight** 스노우버얼 파잇 눈싸움
□ **snowstorm** 스노우스터엄 n. 눈보라
□ **snowfall** 스노우퍼얼 n. 강설량

tip. °F(화씨) = 9/5℃(섭씨)+32'입니다.
예를 들어 섭씨 0°는 화씨 32°,
섭씨 100°는 화씨 212°에 해당됩니다.

□ **temperature** 템퍼러춰 n. 온도

□ **centigrade** 쎈터그레이(ㄷ) a. 섭씨의, 섭씨인
= **Celsius** 쎌시어(ㅅ)
□ **Fahrenheit** 패런하잇 n. 화씨 온도계 a. 화씨 온도계의

What's the temperature today?
왓(ㅊ) 더 템퍼러춰 터데이?
오늘 몇 도예요?

□ climate 클라이밋 n. 기후
    □ high pressure 하이 프레셔 고기압
    □ low pressure 로우 프레셔 저기압
    □ above zero 어버(ㅂ) 지어로우 영상
    □ below zero 빌로우 지어로우 영하

□ global warming 글러벌 워-밍 지구온난화

□ ultraviolet rays 얼츠러바이얼릿 레이(ㅅ) 자외선

□ infrared rays 인프레엇 레이(ㅅ) 적외선

꼭! 써먹는 **실전 회화**

08. 열대야

Henry   It was so hot I couldn't sleep a wink last night.
    잇 워즈 소우- 핫 아이 쿠든(ㅌ) 슬리입 어 윙(ㅋ) 래슷 나잇
    더위 때문에 지난밤에 한숨도 잘 수 없었어.

Tom   Me too. I can't stand the heat.
    미 투-. 아이 캔(ㅌ) 스탠(ㄷ) 더 히잇
    나도 그래. 더워서 죽을 것 같아.

Henry   How long will it last?
    하우 러엉 윌 잇 래슷?
    이 더위가 얼마나 계속될까?

Tom   That's what I want to know.
    댓(ㅊ) 왓 아이 원(ㅌ) 투 노우
    그게 바로 내가 알고 싶은 거야.

동물&식물 Animals & Plants 애니멀 샌(드) 플랜(츠)

☐ animal 애니멀
n. 동물

☐ pet 펫
n. 반려동물

☐ breed 브리잇
v. 사육하다, 기르다

☐ tail 테일
n. 꼬리

☐ claw 클러-
n. (동물의) 발톱
v. 할퀴다

☐ bite 바잇
v. 물다

☐ dog 더억 n. 개

☐ puppy 퍼삐 n. 강아지

☐ cat 캣 n. 고양이

☐ kitten 키든 n. 새끼고양이

☐ cattle 캐들 n. 소

☐ cow 카우 n. 암소, 젖소

☐ pig 픽 n. 돼지

☐ piglet 픽릿 n. 새끼돼지

☐ rabbit 래빗
n. 토끼

☐ sheep 쉬입 n. 양

☐ lamb 램 n. 양, 새끼양

☐ horse 허-(ㅅ)
n. 말

☐ pony 포우니
n. 조랑말

☐ zebra 지-(ㅂ)러
n. 얼룩말

106

□ lion 라이언
　 n. 사자

□ tiger 타이거
　 n. 호랑이

□ bear 베어
　 n. 곰

□ fox 팍(ㅅ)
　 n. 여우

□ wolf 울(ㅍ)
　 n. 이리, 늑대

□ monkey 멍키
　 n. 원숭이

□ elephant 엘리펀(ㅌ)
　 n. 코끼리

□ giraffe 저래(ㅍ)
　 n. 기린

□ deer 디어
　 n. 사슴

□ rhinoceros 라이나쩌러(ㅅ)
　 n. 코뿔소

□ squirrel 스쿠어럴
　 n. 다람쥐

□ mole 모울
　 n. 두더지

□ mouse 마우(ㅅ) n. 쥐
= rat 랫

□ bat 뱃
　 n. 박쥐

□ whale 훼일
　 n. 고래

107

□ bird 버-(ㄷ)
　　n. 새, 조류

□ wing 윙
　　n. 날개

□ bill 빌 n. 부리
= beak 비익

□ chicken 치킨 n. 닭(식용)
□ hen 헨 n. 암탉
□ rooster 루-스터 n. 수탉

□ chick 칙
　　n. 병아리

□ duck 덕
　　n. 오리

□ sparrow 스패로우
　　n. 참새

□ dove 더(ㅂ)
　　n. 비둘기(들비둘기)
□ pigeon 피전
　　n. 비둘기(집비둘기)

□ eagle 이-글
　　n. 독수리

□ sea gull 시- 걸
　　n. 갈매기

□ turkey 터-키
　　n. 칠면조

□ peacock 피-칵
　　n. 공작

□ ostrich 어-스츠리취
　　n. 타조

□ owl 아울
　　n. 부엉이, 올빼미

□ penguin 펭구인
　　n. 펭귄

108

□ **fish** 피쉬
n. 물고기

□ **gill** 길
n. 아가미

□ **fin** 핀
n. 지느러미

□ **tropical fish** 츠라피컬 피쉬
열대어

□ **goldfish** 고울(드)피쉬
n. 금붕어

□ **fish bowl** 피쉬 보울
어항

□ **shark** 샤악
n. 상어

□ **octopus** 악터퍼(ㅅ)
n. 문어

□ **squid** 스쿠잇
n. 오징어

□ **turtle** 터-틀
n. 거북, 바다거북

□ **crocodile** 크라커다일
n. 악어(아프리카산)
□ **alligator** 앨리게이터
n. 악어(북미산)

□ **snake** 스네익
n. 뱀

□ **lizard** 리저(드)
n. 도마뱀

□ **frog** 프러억
n. 개구리

□ **tadpole** 탯포울
n. 올챙이

109

□ insect 인섹(트)
n. 곤충

□ bee 비-
n. 벌

□ butterfly 버더플라이
n. 나비

□ dragonfly 드래건플라이
n. 잠자리

□ beetle 비-틀
n. 딱정벌레

□ ant 앤(트)
n. 개미

□ fly 플라이
n. 파리

□ mosquito 머스키-토우
n. 모기

□ cockroach 칵로우취
n. 바퀴벌레

□ spider 스파이더
n. 거미

□ plant 플랜(트)
n. 식물 v. 심다

□ water 워-터
v. 물을 주다

□ wither 위더
v. (풀과 꽃 등이) 시들다

□ **tree** 츠리-
n. 나무

□ **branch** 브랜취
n. 가지

□ **leaf** 리-(ㅍ)
n. 잎, 나뭇잎

□ **root** 루웃
n. 뿌리

□ **fruit** 프루웃
n. 과일, 열매

□ **grass** 그래(ㅅ)
n. 풀, 잔디

□ **flower** 플라워
n. 꽃

□ **petal** 페털
n. 꽃잎

□ **bloom** 블루움
v. 꽃이 피다

□ **rose** 로우(ㅈ)
n. 장미

□ **sunflower** 선플라워
n. 해바라기

□ **tulip** 튜-립
n. 튤립

□ **dandelion** 댄덜라이언
n. 민들레

□ **lily** 릴리
n. 백합

□ **morning-glory**
머-닝글러-리
n. 나팔꽃

111

□ animal 애니멀 n. 동물

We can learn a lot from animals.
위 캔 러언 어 랏 프럼 애니멀(ㅅ)
우리는 동물에게서 많은 것을 배울 수 있다.

□ pet 펫 n. 반려동물

Do you have any pets?
두 유 해 배니 펫(ㅊ)?
반려동물을 키우고 있습니까?

□ breed 브리잇 v. 사육하다, 기르다

□ fur 퍼- n. (포유동물의) 털, 모피

□ tail 테일 n. 꼬리

□ bark 바-(ㅋ) v. (개가) 짖다
　　□ growl 그라울 v. (개나 짐승 등이) 으르렁거리다
　　□ bowwow 바우와우 n. 멍멍(개 짖는 소리)
　　□ mew 뮤- n. 야옹(고양이가 우는 소리)
　　= meow 미아우

□ bite 바잇 v. 물다

□ claw 클러- n. (동물의) 발톱 v. 할퀴다

My cat clawed me on the hand.
마이 캣 클러엇 미 언 더 핸(ㄷ)
고양이가 발톱으로 날 할퀴었다.

□ dog 더억 n. 개
　　□ canine 케이나인 n. 개 a. 개의
　　□ puppy 퍼삐 n. 강아지

My parents won't let me have a dog.
마이 페어렌(ㅊ) 워운(ㅌ) 렛 미 해 버 더억
부모님은 개 키우는 것을 허락하지 않아요.

□ cat 캣 n. 고양이
    □ feline 피-라인 n. 고양이 a. 고양잇과의
    □ kitten 키튼 n. 새끼고양이

It is feeding time for the cats.
잇 이즈 피-딩 타임 퍼 더 캣(ㅊ)
고양이들에게 먹이 줄 시간이야.

□ cattle 캐들 n. 소 ⟶   tip. cattle은 집합명사이며, 복수형으로 취급합니다.
    □ ox 악(ㅅ) n. 소
    □ bull 불 n. 황소 ⟶   tip. 번식용의 거세하지 않은 숫소는 bull,
    □ cow 카우 n. 암소, 젖소   새끼를 낳은 암소는 cow라고 합니다.

□ pig 픽 n. 돼지
    □ piglet 픽릿 n. 새끼돼지

□ rabbit 래빗 n. 토끼

□ sheep 쉬입 n. 양
    □ lamb 램 n. 양, 새끼양 ⟶   tip. 새끼양이나 그 고기는 lamb,
                             다 자란 양의 고기는 mutton이라고 합니다.

□ horse 허-(ㅅ) n. 말
    □ pony 포우니 n. 조랑말
    □ mane 메인 n. 갈기

□ zebra 지-(ㅂ)러 n. 얼룩말

□ lion 라이언 n. 사자

□ tiger 타이거 n. 호랑이

□ bear 베어 n. 곰

□ fox 팍(ㅅ) n. 여우

□ wolf 울(ㅍ) n. 이리, 늑대

□ monkey 멍키 n. 원숭이

□ chimpanzee 침팬지- n. 침팬지

□ gorilla 거릴러 n. 고릴라

□ orangutan 어-랭우탠 n. 오랑우탄

□ elephant 엘리펀(ㅌ) n. 코끼리
　　□ ivory 아이버리 n. 상아

□ giraffe 저래(ㅍ) n. 기린

□ hippopotamus 히뽀우파터머(ㅅ) n. 하마 ●——→ **tip.** 우리가 잘 알고 있는 hippo는
　　　　　　　　　　　　　　　　　　　　　　　비격식으로 쓰는 말입니다.

□ deer 디어 n. 사슴 ●————→ **tip.** deer는 단수와 복수가 같은 형태입니다.
　　□ reindeer 레인디어 n. 순록

□ rhinoceros 라이나쩌러(ㅅ) n. 코뿔소

□ raccoon 래쿠운 n. 너구리

□ squirrel 스쿠어럴 n. 다람쥐

□ mole 모울 n. 두더지

□ mouse 마우(ㅅ) n. 쥐
　= rat 랫 ●——→ **tip.** rat은 mouse보다 크고 꼬리가 긴 곰쥐나 집쥐 무리를 가리킵니다.

□ hamster 햄스터 n. 햄스터

　My hamster likes to eat cabbage.
　마이 햄스터 라익(ㅅ) 투 이잇 캐비쥐
　내 햄스터는 양배추를 즐겨 먹는다.

□ bat 뱃 n. 박쥐

114

☐ whale 훼일 n. 고래

☐ dolphin 달핀 n. 돌고래

☐ bird 버-(ㄷ) n. 새, 조류

☐ wing 윙 n. 날개
    ☐ feather 페더 n. 깃털
    ☐ bill 빌 n. 부리
    = beak 비익 → **tip.** beak은 독수리나 매처럼 딱딱하고 끝이 구부러진 부리를 가리킵니다.

☐ egg 엑 n. 알
    ☐ incubate 인큐베잇 v. 알을 품다
    ☐ nest 네슷 n. 둥지

☐ chicken 치킨 n. 닭(식용)
    ☐ hen 헨 n. 암탉
    ☐ rooster 루-스터 n. 수탉
    ☐ chick 칙 n. 병아리

☐ duck 덕 n. 오리

☐ goose 구-(ㅅ) n. 거위 → **tip.** 복수형은 geese입니다.

☐ sparrow 스패로우 n. 참새

☐ dove 더(ㅂ) n. 비둘기(들비둘기)

☐ pigeon 피젼 n. 비둘기(집비둘기)

☐ crow 크로우 n. 까마귀

☐ eagle 이-글 n. 독수리

☐ sea gull 시- 걸 n. 갈매기

□ swallow 스왈로우 n. 제비

□ turkey 터-키 n. 칠면조

□ peacock 피-칵 n. 공작

□ ostrich 어-스츠리취 n. 타조

□ owl 아울 n. 부엉이, 올빼미

□ penguin 펭구인 n. 펭귄

□ fish 피쉬 n. 물고기
    □ gill 길 n. 아가미   → **tip.** 보통 복수형인 gills로 씁니다.
    □ fin 핀 n. 지느러미
    □ scale 스케일 n. 비늘

□ tropical fish 츠라피컬 피쉬 열대어
    □ goldfish 고울(ㄷ)피쉬 n. 금붕어

□ fish bowl 피쉬 보울 어항

□ shark 샤악 n. 상어

□ octopus 악터퍼(ㅅ) n. 문어

□ squid 스쿠잇 n. 오징어

□ ray 레이 n. 가오리

□ eel 이일 n. 뱀장어

tip. crocodile은 alligator에 비하여 턱이 갸름하며,
alligator는 crocodile에 비하여 주둥이의 폭이
넓고 짧은 것이 특징입니다.

□ turtle 터-틀 n. 거북, 바다거북

□ crocodile 크라커다일 n. 악어(아프리카산)
    □ alligator 앨리게이터 n. 악어(북미산)

□ snake 스네익 n. 뱀

He has a pet snake.
히 헤즈 어 펫 스네익
그는 반려동물용 뱀을 키워요.

□ lizard 리저(ㄷ) n. 도마뱀

□ frog 프러억 n. 개구리
　　□ tadpole 탯포울 n. 올챙이

□ insect 인섹(ㅌ) n. 곤충
　　□ antenna 앤테너 n. 더듬이, 안테나

□ bee 비- n. 벌

□ butterfly 버더플라이 n. 나비

□ dragonfly 드래건플라이 n. 잠자리

□ beetle 비-틀 n. 딱정벌레

□ ant 앤(ㅌ) n. 개미

□ fly 플라이 n. 파리

□ mosquito 머스키-토우 n. 모기

□ cockroach 칵로우춰 n. 바퀴벌레

□ spider 스파이더 n. 거미

□ plant 플랜(ㅌ) n. 식물 v. 심다

We planted beans in 3 pots.
위 플랜팃 비인 신 쓰리- 팟(ㅊ)
우리는 세 개의 화분에 콩을 심었다.

□ **tree** 츠리– n. 나무
    □ **branch** 브랜취 n. 가지
    □ **leaf** 리–(ㅍ) n. 잎, 나뭇잎   → **tip.** 복수형은 leaves입니다.
    □ **root** 루웃 n. 뿌리
    □ **fruit** 프루웃 n. 과일, 열매

□ **grass** 그래(ㅅ) n. 풀, 잔디

□ **flower** 플라워 n. 꽃
    □ **petal** 페털 n. 꽃잎
    □ **pistil** 피스틸 n. 암술
    □ **stamen** 스테이먼 n. 수술
    □ **bloom** 블루움 v. 꽃이 피다

She beautified her garden by planting flowers.
쉬 뷰–티파잇 허 가–든 바이 플랜팅 플라워(ㅅ)
그녀는 정원에 꽃을 심어서 예쁘게 꾸몄다.

□ **rose** 로우(ㅈ) n. 장미

□ **sunflower** 선플라워 n. 해바라기

□ **tulip** 튜–립 n. 튤립

□ **dandelion** 댄덜라이언 n. 민들레

□ **camellia** 커미일려 n. 동백꽃

□ **begonia** 비고우녀 n. 베고니아

□ **iris** 아이어리(ㅅ) n. 붓꽃

□ **lily** 릴리 n. 백합

□ **daisy** 데이지 n. 데이지

□ **peony** 피–어니 n. 작약

□ cherry blossom 체리 블라섬 n. 벚꽃

□ narcissus 나-씨서(ㅅ) n. 수선화

□ orchid 어-킷 n. 난(초)

□ morning-glory 머-닝글러-리 n. 나팔꽃

□ chrysanthemum 크리샌써멈 n. 국화

□ edelweiss 에이들바이(ㅅ) n. 에델바이스

□ weed 위잇 n. 잡초 v. ~의 잡초를 뽑다

□ water 워-터 v. 물을 주다

□ wither 위더 v. (풀과 꽃 등이) 시들다

꼭! 써먹는 **실전 회화**

Mary Do you have a pet?
두 유 해 버 펫?
반려동물을 키우니?

Anna Yes, I've had a dog for 3 years.
예스, 아이(ㅂ) 햇 어 더억 퍼 쓰리- 이어(ㅅ)
응, 개를 키운 지 3년 됐어.

Mary Is it easy to have a dog at home?
이즈 잇 이-지 투 해 버 더억 앳 호움?
집에 개를 데리고 있는 것이 편하니?

Anna Yes, because I trained the dog to be good.
I have two hamsters too.
예스, 비커-(ㅈ) 아이 츠레인(ㄷ) 더 더억 투 비- 굿. 아이 해(ㅂ) 투- 햄스터(ㅅ) 투-
응, 내 개는 훈련이 잘 되어 있거든. 나는 햄스터 두 마리도 있어.

09. 반려동물

119

Exercise

다음 단어를 읽고 맞는 뜻과 연결하세요.

1. animal •	• 계절
2. cloud •	• 구름
3. date •	• 꽃
4. flower •	• 나무
5. pet •	• 날씨
6. plant •	• 날짜
7. rain •	• 동물
8. season •	• 비
9. sun •	• 시간
10. time •	• 식물
11. tree •	• 반려동물
12. weather •	• 태양, 해

1. animal – 동물 2. cloud – 구름 3. date – 날짜 4. flower – 꽃
5. pet – 반려동물 6. plant – 식물 7. rain – 비 8. season – 계절
9. sun – 태양, 해 10. time – 시간 11. tree – 나무 12. weather – 날씨

Chapter 4

일상생활

Unit 10.
집 The Home 더 호움

□ home 호움 n. 집, 가정

□ house 하우(ㅅ) n. 집

□ room 루움
 n. 방

□ bedroom 벳루움
 n. 침실

□ living room 리빙 루움
 n. 거실

□ kitchen 킷천
 n. 부엌, 주방

□ bathroom 배쓰루움
 n. 욕실, 화장실

□ door 더-
 n. 문

□ doorbell 더-벨
 n. (현관의) 초인종

□ entrance 엔츠런(ㅆ)
 n. 출입구, 현관

□ window 윈도우
 n. 창문

□ roof 루-(ㅍ)
 n. 지붕

□ chimney 침니
 n. 굴뚝

□ ceiling 씨-링
 n. 천장

□ floor 플러-
 n. 바닥, 마루, 층

□ wall 워얼
 n. 벽

122

□ **garden** 가–든
　n. 정원

□ **yard** 야–(ㄷ)
　n. 마당

□ **fence** 펜(ㅆ)
　n. 울타리

□ **stair** 스테어
　n. 계단, (계단의) 단

□ **attic** 애딕
　n. 지붕밑 층, 다락

□ **basement** 베이(ㅅ)먼(ㅌ)
　n. 지하실, 지하층

□ **furniture** 퍼–니춰
　n. 가구

□ **sofa** 소우퍼
　n. 소파

□ **chair** 체어
　n. 의자

□ **table** 테이블
　n. 테이블, 탁자

□ **desk** 데슥
　n. 책상

□ **television** 텔러비전
= **TV** 티–비–
　n. 텔레비전

□ **bed** 벳
　n. 침대

□ **wardrobe** 워–(ㄷ)로웁
　n. 옷장

□ **drawer** 드러–
　n. 서랍

□ shelf 쉘(ㅍ)
n. 선반

□ mirror 미러
n. 거울

□ electric light
일렉츠릭 라잇
n. 전등

□ refrigerator
리프리저레이터
n. 냉장고

□ gas range
개(ㅅ) 레인쥐
n. 가스레인지

□ electric range
일렉츠릭 레인쥐
n. 전기레인지

□ microwave oven
마이크로우웨이(ㅂ) 어번
n. 전자레인지

□ oven 어번
n. 오븐

□ blender 블렌더
n. 믹서

□ toaster 토우스터
n. 토스터

□ sink 싱(ㅋ)
n. 싱크대, 개수대

□ dishwasher 디쉬워셔
n. 식기세척기

□ bathtub 배쓰텁
n. 욕조

□ washstand
워쉬스탠(드)
n. 세면대

□ toilet 터일릿
n. 변기

□ shower 샤워
n. 샤워기

□ tap 탭
n. 수도꼭지

□ soap 소웁
n. 비누

□ trash can 츠래쉬 캔
= wastebasket 웨이슷배스킷
n. 쓰레기통, 휴지통

□ clean 클리인
v. 청소하다

□ vacuum cleaner
배큐엄 클리ー너
n. 진공청소기

□ washing machine
워싱 머쉬인
n. 세탁기

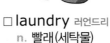

□ laundry 러언드리
n. 빨래(세탁물)

125

☐ **home** 호움 n. 집, 가정

☐ **house** 하우(스) n. 집

 I want my house to be clean without cleaning it.
 아이 원(트) 마이 하우(스) 투 비- 클리인 위다웃 클리-닝 잇
 청소하지 않고도 집이 깨끗해졌으면 좋겠어.

☐ **room** 루움 n. 방

☐ **bedroom** 벳루움 n. 침실

☐ **living room** 리빙 루움 n. 거실

 I need a more spacious living room.
 아이 니잇 어 머- 스페셔(스) 리빙 루-움
 거실이 좀 더 넓으면 좋겠어요.

☐ **dining room** 다이닝 루움 n. (호텔, 가정의) 식당

☐ **kitchen** 킷천 n. 부엌, 주방

 The kitchen in this apartment is fully equipped.
 더 킷천 인 디스 아파-(트)먼(트) 이즈 풀리 이쿠입(트)
 이 아파트의 부엌은 모든 설비가 갖춰져 있어요.

☐ **bathroom** 배쓰루움 n. 욕실, 화장실 **tip.** 극장이나 백화점 등 공공건물의 화장실은
             restroom이라고 합니다. 영어권 나라별로
 Where is the bathroom?   '화장실'을 말하는 단어의 차이가 있습니다.
 웨어 이즈 더 배쓰루움?   미국에서는 bathroom이라 하지만,
 화장실이 어디죠?   영국에서는 toilet이라고 하며,
               캐나다에서는 washroom이라고 합니다.
☐ **door** 더- n. 문   toilet은 미국에서 '변기'를 의미합니다.

☐ **doorbell** 더-벨 n. (현관의) 초인종

☐ **entrance** 엔츠런(쓰) n. 출입구, 현관

☐ **key** 키- n. 열쇠

□ window 윈도우 n. 창문

□ open 오우펀 v. 열다

□ close 클로우(ㅈ) v. 닫다 ━━━━━→ **tip.** [클로우(ㅅ)]라고 읽으면 '가까운'이라는 뜻이 됩니다.

□ roof 루-(ㅍ) n. 지붕

□ chimney 침니 n. 굴뚝

□ ceiling 씨-링 n. 천장

□ floor 플러- n. 바닥, 마루, 층 ━━━━→ **tip.** '~층'이라고 할 때는 '서수+floor'입니다.

  Don't spit on the floor.
  도운(ㅌ) 스핏 언 더 플러-
  바닥에 침을 뱉지 마시오.

□ wall 워얼 n. 벽

□ stair 스테어 n. 계단, (계단의) 단 ━━━━→ **tip.** 주로 복수형 stairs로 씁니다.

□ elevator 엘러베이터 n. 엘리베이터

□ garden 가-든 n. 정원

□ yard 야-(ㄷ) n. 마당

□ balcony 밸커니 n. 발코니

□ fence 펜(ㅆ) n. 울타리

□ attic 애딕 n. 지붕밑 층, 다락

□ basement 베이(ㅅ)먼(ㅌ) n. 지하실, 지하층

□ storage 스터-리쥐 n. 창고, 보관

□ **furniture** 퍼-니춰 n. 가구 •———→ **tip.** furniture는 집합명사로 단수 취급합니다.

I'm interested in furniture and interior design.
아임 인터레스팃 인 퍼니춰 앤(ㄷ) 인티어리어 디자인
나는 가구나 인테리어 디자인에 관심이 많아요.

□ **sofa** 소우퍼 n. 소파

□ **chair** 체어 n. 의자
　　□ **easy chair** 이-지 체어 n. 안락의자

□ **table** 테이블 n. 테이블, 탁자

□ **desk** 데슥 n. 책상 •→ **tip.** desk와 table의 차이는 일반적으로 서랍의 유무에 따라 구별하지만,
　　　　　　　　　　　　최근에는 서랍이 없어도 작업용이나 공부용으로 쓰이면 desk라고 합니다.

□ **television** 텔러비전 n. 텔레비전
　　= **TV** 티-비- (television의 약어)

Turn off the TV now.
터언 어-(ㅍ) 더 티-비- 나우
이제 TV를 꺼라.

□ **bed** 벳 n. 침대
　　□ **crib** 크립 n. (테두리 난간이 있는) 유아용 침대

□ **wardrobe** 워-(ㄷ)로웁 n. 옷장

□ **closet** 클라짓 n. 벽장

□ **cabinet** 캐버닛 n. 장식장, 진열장

□ **drawer** 드러- n. 서랍

□ **shelf** 쉘(ㅍ) n. 선반 •———→ **tip.** shelf의 복수형은 shelves입니다.

Can you dust the shelves?
캔 유 더슷 더 쉘브(ㅈ)?
선반의 먼지 좀 털어 줄래?

□ curtain 커-튼 n. 커튼

The new curtains do not blend with the color of the wall.
더 누- 커-튼(ㅅ) 두 낫 블렌(ㄷ) 윗 더 컬러 어(ㅂ) 더 워얼
새 커튼은 벽 색깔과 어울리지 않아.

□ mirror 미러 n. 거울

□ electric light 일렉츠릭 라잇 n. 전등

□ hanger 행어 n. 옷걸이

□ refrigerator 리프리저레이터 n. 냉장고

The refrigerator is open. Close the door, please.
더 리프리저레이터 이즈 오우펀. 클로우(즈) 더 더-, 플리-(즈)
냉장고가 열려 있구나. 문 좀 닫아 주렴.

□ freezer 프리-저 n. 냉동고

Since there's something wrong with the refrigerator, the ice in the freezer is melting.
신(ㅆ) 데어(즈) 섬씽 러엉 윗 더 리프리저레이터, 디 아이 씬 더 프리-저 이즈 멜팅
냉장고에 문제가 생겨서, 냉동실 얼음이 녹고 있어요.

□ gas range 개(ㅅ) 레인쥐 n. 가스레인지

□ electric range 일렉츠릭 레인쥐 n. 전기레인지

□ microwave oven 마이크로우웨이(ㅂ) 어번 n. 전자레인지

A microwave oven is a kitchen appliance that cooks or heats food using microwaves.
어 마이크로우웨이(ㅂ) 어번 이즈 어 킷천 어플라이언(ㅆ) 댓 쿡 서 히잇(ㅊ) 푸웃 유-징 마이크로우웨이브(ㅅ)
전자레인지는 마이크로파를 이용한 열로 음식을 조리하거나 데우는 데 쓰이는 주방 기구입니다.

□ oven 어번 n. 오븐

□ blender 블렌더 n. 믹서

□ toaster 토우스터 n. 토스터

□ sink 싱(ㅋ) n. 싱크대, 개수대

The kitchen sink leaks water onto the floor.
더 킷천 싱(ㅋ) 리익(ㅅ) 워–터 안터 더 플러–
부엌 개수대에서 바닥으로 물이 새는데요.

□ dishwasher 디쉬워셔 n. 식기세척기

□ shower 샤워 n. 샤워기

□ bathtub 배쓰텁 n. 욕조

□ washstand 워쉬스탠(ㄷ) n. 세면대

□ tap 탭 n. 수도꼭지

□ soap 소웁 n. 비누

Wash your hands with soap before each meal.
워쉬 유어 핸(ㅈ) 윗 소웁 비퍼– 이–취 미일
매 식사 전에 비누로 손을 깨끗이 씻어라.

□ toilet 터일릿 n. 변기

The toilet is clogged.
더 터일릿 이즈 클럭(ㅌ)
변기가 막혔어요.

□ trash can 츠래쉬 캔 n. 쓰레기통, 휴지통 ↘

= wastebasket 웨이슷배스킷

Put the trash in the trash can.
풋 더 츠래쉬 인 더 츠래쉬 캔
휴지는 휴지통에 버리세요.

tip. trash can은 주로 옥외에 있는 큰 쓰레기통을, wastebasket은 일반적인 쓰레기통을 말하며, 영국에서는 dust bin이라 합니다.

□ clean 클리인 v. 청소하다

Help me clean the house.
헬(ㅍ) 미 클리인 더 하우(ㅅ)
집 청소하는 것 좀 도와줘.

□ cleaner 클리-너 n. 청소기

□ vacuum cleaner 배큐엄 클리-너 n. 진공청소기

□ washing machine 워싱 머쉬인 n. 세탁기

I'll run the washing machine.
아일 런 더 워싱 머쉬인
세탁기를 돌려야겠어.

□ laundry 러언드리 n. 빨래(세탁물)

10. 설거지

꼭! 써먹는 **실전 회화**

Mary   Tom, could you help me wash the dishes?
탐, 쿠 쥬 헬(ㅍ) 미 워쉬 더 디쉬(ㅈ)?
톰, 설거지 좀 해 줄 수 있어?

Tom   No! I cleaned all the bedrooms and the bathroom today.
노우! 아이 클리인 더얼 더 벳루움 샌(ㄷ) 더 배쓰루움 터데이
아니! 오늘 내가 모든 방과 화장실 청소를 했다고.

Mary   Yes, but I have to go out now.
Could you help one more time?
예스, 벗 아이 해((ㅂ) 투 고우 아웃 나우. 쿠 쥬 헬(ㅍ) 원 머- 타임?
그래, 하지만 내가 지금 나가야 되거든. 한 번 더 날 도와줄래?

Tom   Okay, but it's the last time.
오우케이, 벗 잇(ㅊ) 더 래슷 타임
알겠어, 하지만 이번이 마지막이야.

Clothes 클로우(ㅈ)

□ clothes 클로우(ㅈ)
n. 옷

□ wear 웨어 v. 옷을 입다
= put on 풋 언

□ take off 테익 어–(ㅍ)
옷을 벗다

□ dress 드레(ㅅ)
n. 옷, 원피스
v. (〜에게) 옷을 입히다,
옷차림을 하다

□ suit 수웃
n. 양복

□ dress shirt
드레(ㅅ) 셔–(ㅌ)
n. 셔츠, 와이셔츠

□ T-shirt 티–셔–(ㅌ)
n. 티셔츠

□ sweater 스웨터
n. 스웨터

□ turtleneck 터–틀넥
n. 터틀넥 스웨터

□ cardigan 카–디건
n. 카디건

□ jacket 재킷
n. 재킷

□ padded jumper
패딧 점퍼
패딩 점퍼

132

☐ overcoat 오우버코웃
n. 코트

☐ pants 팬(ㅊ)
n. 바지

☐ shorts 셔-(ㅊ)
n. 반바지

☐ jeans 지인(ㅈ)
n. 청바지

☐ skirt 스커-(ㅌ)
n. 치마

☐ miniskirt 미니스커-(ㅌ)
n. 미니스커트

☐ underwear 언더웨어
n. 속옷

☐ lingerie 라안줘레이
n. 란제리, 여성 속옷

☐ pajamas 퍼자-머(ㅈ)
n. 잠옷, 파자마

☐ swimsuit 스윔수웃
n. 수영복

☐ sportswear
스포-(ㅊ)웨어
n. 운동복

☐ raincoat 레인코웃
n. 우비

133

□ hat 햇
   n. (챙이 둥글게 둘러져
     있는) 모자

□ cap 캡
   n. (앞부분만 챙이 있는)
     모자(야구모자)

□ beanie 비-니
   n. 비니

□ belt 벨(ㅌ)
   n. 허리띠

□ muffler 머플러
   n. 목도리

□ shawl 셔얼 n. 숄

□ scarf 스카-(ㅍ) n. 스카프

□ necktie 넥타이
   n. 넥타이

□ gloves 글러브(ㅈ)
   n. 장갑

□ socks 삭(ㅅ)
   n. 양말

□ shoes 슈-(ㅈ)
   n. 신발, 구두

□ sneakers 스니-커(ㅅ)
   n. 운동화

□ boots 부-(ㅊ)
   n. 부츠

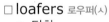
□ loafers 로우퍼(ㅅ)
   n. 단화

□ high heels 하이 히일(ㅅ)
   n. 하이힐

□ sandals 샌들(ㅅ)
   n. 샌들

□ flip-flops 플립플랍(ㅅ)
   n. 쪼리 샌들

□ **bag** 백
n. 가방

□ **handbag** 핸(ㄷ)백
n. 짧은 손잡이의 핸드백

□ **shoulder bag**
쇼울더 백
n. 어깨에 매는 숄더백

□ **backpack** 백팩
n. 등에 매는 가방

□ **clutch bag** 클럿취 백
n. 클러치백

□ **suitcase** 수웃케이(ㅅ)
n. 여행 가방

□ **wallet** 왈릿 n. 지갑
= **purse** 퍼-(ㅅ)

□ **glasses** 글래시(ㅅ)
n. 안경

□ **sunglasses** 선글래시(ㅅ)
n. 선글라스

□ **accessory** 액쎄서리
n. 장신구

□ **necklace** 넥클리(ㅆ)
n. 목걸이

□ **bracelet** 브레이쓸릿
n. 팔찌

□ **jewel** 쥬-얼
n. 보석, 귀금속

□ **earrings** 이어링(ㅅ)
n. 귀걸이

□ **ring** 링
n. 반지

135

□ clothes 클로우(ㅈ) n. 옷
    □ cloth 클러-쓰 n. 천, 옷감
    □ clothing 클로우딩 n. 의류 전체

□ wear 웨어 v. 옷을 입다
    = put on 풋 언
    □ take off 테익 어-(ㅍ) 옷을 벗다

    What should I wear today?
    왓 슈 다이 웨어 터데이?
    오늘 뭐 입어야 하지?

□ dress 드레(ㅅ) n. 옷, 원피스 v. (~에게) 옷을 입히다, 옷차림을 하다

    She dressed up nicely.
    쉬 드레(ㅅ) 텁 나이쓰리
    그녀는 옷을 잘 차려입었다.

□ suit 수웃 n. 양복

□ dress shirt 드레(ㅅ) 셔-(ㅌ) n. 셔츠, 와이셔츠

□ T-shirt 티-셔-(ㅌ) n. 티셔츠
    □ sleeve 슬리-(ㅂ) n. 소매
    □ long-sleeved shirt 러엉슬리-붓 셔-(ㅌ) 긴팔 셔츠
    □ short-sleeved shirt 셔-(ㅌ)슬리-붓 셔-(ㅌ) 반팔 셔츠
    □ sleeveless shirt 슬리-(ㅂ)리(ㅅ) 셔-(ㅌ) 민소매 셔츠

□ polo shirt 포울로우 셔-(ㅌ) 폴로 셔츠

□ sweater 스웨터 n. 스웨터
    □ turtleneck 터-틀넥 n. 터틀넥 스웨터
    □ V-neck 비-넥 n. 브이넥 스웨터
    □ round neck 라운(ㄷ) 넥 라운드 넥 스웨터
    □ wool sweater 울 스웨터 양모 스웨터(털 스웨터)

□ cardigan 카-디건 n. 카디건

□ vest 베슷 n. 조끼

□ jacket 재킷 n. 재킷
    □ leather jacket 레더 재킷 가죽 재킷

□ padded jumper 패딧 점퍼 패딩 점퍼

□ overcoat 오우버코웃 n. 코트

I bought an overcoat for winter.
아이 보웃 언 오우버코웃 퍼 윈터
겨울을 맞아 코트를 한 벌 샀다.

□ pants 팬(ㅊ) n. 바지

These pants are too tight for me.
디-(ㅈ) 팬 차- 투- 타잇 퍼 미
이 바지는 나한테 너무 꽉 끼어.

□ shorts 셔-(ㅊ) n. 반바지

□ jeans 지인(ㅈ) n. 청바지

Skinny jeans are popular these days.
스키니 지인 자- 파퓰러 디-즈 데이(ㅈ)
요즘 스키니진이 유행이야.

□ skirt 스커-(ㅌ) n. 치마
    □ miniskirt 미니스커-(ㅌ) n. 미니스커트
    □ gathered skirt 개더(ㄷ) 스커-(ㅌ) n. 주름치마
    □ wedding dress 웨딩 드레(ㅅ) n. 웨딩드레스

□ underwear 언더웨어 n. 속옷
    □ lingerie 라안줘레이 n. 란제리, 여성 속옷

□ pajamas 퍼자-머(ㅈ) n. 잠옷, 파자마

137

□ swimsuit 스윔수웃 n. 수영복

    □ bikini 비키니 n. 비키니 수영복

    □ rash guard 래쉬 가-(ㄷ) 래시가드

        (스판덱스나 폴리에스터 소재로 만드는 긴 소매의 수상 스포츠용 의류)

□ sportswear 스포-(ㅊ)웨어 n. 운동복

□ raincoat 레인코웃 n. 우비

    Don't forget to carry your raincoat. It's going to rain today.
    도운(ㅌ) 퍼갓 투 캐리 유어 레인코웃. 잇(ㅊ) 고우잉 투 레인 터데이
    우비 챙기는 거 잊지 마. 오늘 비가 올 거야.

□ hat 햇 n. (챙이 둥글게 둘러져 있는) 모자

    □ cap 캡 n. (앞부분만 챙이 있는) 모자(야구모자)

    □ beanie 비-니 n. 비니(머리에 딱 맞는 동그란 모자)

□ belt 벨(ㅌ) n. 허리띠

□ muffler 머플러 n. 목도리 ●━━━━━▶ tip. 주로 두꺼운 방한용 목도리를 가리킵니다.

    □ shawl 셔얼 n. 숄

    □ scarf 스카-(ㅍ) n. 스카프

    This scarf looks good on me.
    디스 스카-(ㅍ) 룩(ㅅ) 굿 언 미
    이 스카프는 나에게 어울린다.

□ necktie 넥타이 n. 넥타이

    □ tiepin 타이핀 n. 넥타이핀

□ suspenders 서스펜더(ㅅ) n. 멜빵

□ gloves 글러브(ㅈ) n. 장갑

□ socks 삭(ㅅ) n. 양말

    □ stockings 스타킹(ㅅ) n. 스타킹

    □ leggings 레깅(ㅅ) n. 레깅스 (다리에 달라붙는 바지)

□ shoes 슈-(ㅈ) n. 신발, 구두 ●━━━━━━→ tip. 신발은 모두 짝을 이루기 때문에
　　　　　　　　　　　　　　　　　　　　신발 한 짝을 말하는 경우가 아니면
　　□ sneakers 스니-커(ㅅ) n. 운동화　　　복수형으로 써야 합니다.

　　□ boots 부-(ㅊ) n. 부츠

　　□ high heels 하이 히일(ㅅ) n. 하이힐

　　□ loafers 로우퍼(ㅅ) n. 단화

　　□ sandals 샌들(ㅅ) n. 샌들

　　□ flip-flops 플립플랍(ㅅ) n. 쪼리 샌들

　　□ slippers 슬리퍼(ㅅ) n. 실내화(슬리퍼)

□ bag 백 n. 가방

　　□ handbag 핸(ㄷ)백 n. 짧은 손잡이의 핸드백

　　□ shoulder bag 쇼울더 백 n. 어깨에 매는 숄더백

　　□ backpack 백팩 n. 등에 매는 가방(배낭, 책가방 등)

　　□ clutch bag 클럿취 백 n. 클러치백 ●━━→ tip. 격식을 차리는
　　　　　　　　　　　　　　　　　　　　　　　파티 등에서 손에 드는
　　□ pouch 파우취 n. 파우치(주로 가죽으로 만든 작은 주머니)　작은 가방을 말합니다.

　　□ suitcase 수웃케이(ㅅ) n. 여행 가방

□ wallet 왈릿 n. 지갑　tip. wallet은 지폐와 카드만 넣으며 접어서 사용하는 남성용 지갑,
　= purse 퍼-(ㅅ)　　　 purse는 지폐와 동전을 함께 넣을 수 있는 여성용 지갑을 가리킵니다.

I've lost my wallet recently.
아이(ㅂ) 러-슷 마이 왈릿 리쎈(트리)
최근에 지갑을 잃어버렸어요.

□ glasses 글래시(ㅅ) n. 안경

　　□ sunglasses 선글래시(ㅅ) n. 선글라스

□ accessory 액쎄서리 n. 장신구

　　□ necklace 넥클리(ㅆ) n. 목걸이

　　□ bracelet 브레이쓸릿 n. 팔찌

　　□ earrings 이어링(ㅅ) n. 귀걸이 ●━━→ tip. 귀걸이는 보통 짝을 이루기 때문에
　　　　　　　　　　　　　　　　　　　　　　복수형으로 씁니다.
　　□ ring 링 n. 반지

　　□ hairpin 헤어핀 n. 머리핀

　　□ brooch 브로우취 n. 브로치

□ jewel 쥬-얼 n. 보석, 귀금속

□ trend 츠렌(ㄷ) n. 경향, 추세

□ fashion 패션 n. 유행, 패션
= vogue 보우(ㄱ)
□ in fashion 인 패션 유행하는
□ out of fashion 아웃 어(ㅂ) 패션 유행이 지난

She only wears the latest fashions.
쉬 오운리 웨어(ㅅ) 더 레이티슷 패션(ㅅ)
그녀는 최신 유행 옷만 입어.

It's in vogue now.
잇 친 보우(ㄱ) 나우
이기 지금 유행 중이야.

□ collar 칼러 n. 옷깃

□ pocket 파킷 n. 호주머니

□ zipper 지뻐 n. 지퍼

□ silk 실(ㅋ) n. 비단, 실크
□ cotton 카든 n. 면
□ wool 울 n. 모직, 양모
□ synthetic fiber 신쎄틱 파이버 합성섬유

Cotton absorb sweat well.
카든 앱서-(ㅂ) 스웻 웰
면이 땀을 잘 흡수한다.

□ leather 레더 n. 가죽, 피혁

□ line 라인 n. 선, 줄, 옷의 라인

□ plain 플레인 a. 단색의

□ striped 스츠라입(트) a. 줄무늬의
    □ checkered 체커(드) a. 체크무늬의
    □ plaid 플랫 a. 격자무늬의
    □ flower-printed 플라워프린팃 a. 꽃무늬의

He always wears striped clothes.
히 어얼웨이(즈) 웨어(스) 스츠라입(트) 클로우(즈)
그는 항상 줄무늬 옷을 입고 있던데.

□ embroider 임브러이더 v. 수를 놓다
    □ embroidery 임브러이더리 n. 자수
    □ embroidered 임브러이더(드) a. 자수를 놓은

11. 장갑

꼭! 써먹는 **실전 회화**

Tom What do you want for your birthday present?
왓 두 유 원(트) 퍼 유어 버-쓰데이 프레즌(트)?
생일 선물로 원하는 게 뭐야?

Henry I need a pair of gloves. I've lost them.
아이 니- 더 페어 어(브) 글러브(즈). 아이(브) 러-슷 뎀
장갑이 필요해. 잃어버렸거든.

Tom Okay. Let's go shopping now.
오우케이. 렛(츠) 고우 샤핑 나우
좋아. 지금 쇼핑하러 가자.

Henry Really? Then I should buy a sweater, too.
리얼리? 덴 아이 슈(드) 바이 어 스웨터, 투-
정말? 그럼 스웨터도 사야겠다.

□ food 푸웃 n. 음식

□ meal 미일 n. 식사, 끼니

□ cook 쿡
　n. 요리사 v. 요리하다

□ meat 미잇 n. 고기

□ beef 비-(ㅍ) n. 소고기

□ pork 퍼-(ㅋ)
　n. 돼지고기

□ chicken 치킨
　n. 닭고기

□ lamb 램 n. 양고기
　(새끼 양의 고기)

□ mutton 머튼 n. 양고기

□ vegetable 베쥐터블
　n. 채소

□ spinach 스피니취
　n. 시금치

□ cucumber 큐-컴버
　n. 오이

□ tomato 터메이토우
　n. 토마토

□ carrot 캐럿
　n. 당근

□ potato 퍼테이토우
　n. 감자

□ cabbage 캐비쥐
　n. 양배추

□ onion 어년
　n. 양파

□ garlic 갈-릭
　n. 마늘

□ chili (pepper)
칠리 (페퍼)
n. 고추

□ (black) pepper
(블랙) 페퍼
n. 후추

□ bell pepper 벨 페퍼
n. 피망

□ eggplant 엑플랜(트)
n. 가지

□ broccoli 브라컬리
n. 브로콜리

□ olive 알리(ㅂ)
n. 올리브

□ fish 피쉬
n. 생선

□ salmon 새먼
n. 연어

□ tuna 튜-너
n. 참치

□ squid 스쿠잇
n. 오징어

□ octopus 악터퍼(ㅅ)
n. 문어

□ shrimp 쉬림(ㅍ)
n. 새우

□ clam 클램
n. 조개

□ oyster 어이스터
n. 굴

□ dried seaweed
드라잇 시-위잇
n. 김

143

□ cereal 씨리얼
n. 곡물, 시리얼

□ rice 라이(ㅆ)
n. 쌀, 밥

□ bean 비인
n. 콩

□ peanut 피-넛
n. 땅콩

□ corn 커언
n. 옥수수

□ flour 플라우어
n. 밀가루

□ fruit 프루웃
n. 과일

□ strawberry 스츠러-베리
n. 딸기

□ raspberry 래(ㅈ)베리
n. 산딸기

□ apple 애쁠
n. 사과

□ pear 페어
n. 배

□ orange 어-린쥐
n. 오렌지

□ tangerine 탠저리인
n. 귤

□ lemon 레먼
n. 레몬

□ grape 그레입
n. 포도

□ banana 버내너
n. 바나나

□ melon 멜런
n. 멜론

□ watermelon 워-터멜런
n. 수박

□ pineapple 파인애쁠
n. 파인애플

□ peach 피–취
n. 복숭아

□ apricot 앱리카앗
n. 살구

□ salt 서얼(ㅌ)
n. 소금

□ sugar 슈거
n. 설탕

□ vinegar 비너거
n. 식초

□ soy sauce 서이 서–(ㅆ)
n. 간장

□ cooking oil 쿠킹 어일
n. 식용유

□ dressing 드레싱
n. 드레싱, 소스

□ peel 피일
v. 껍질을 벗기다

□ cut 컷
v. 자르다

□ mix 믹(ㅅ)
v. 섞다

□ fry 프라이
v. (기름에) 튀기다

□ bake 베익 v. 굽다
□ roast 로우슷 v. 굽다
□ grill 그릴 v. 굽다

□ boil 버일
v. 삶다

□ frying pan 프라잉 팬
n. 프라이팬

□ plate 플레잇
n. 접시

□ bowl 보울
n. 그릇, 사발

145

□ food 푸웃 n. 음식

Don't be so choosy about your food.
도운(트) 비- 소우- 추-지 어바웃 유어 푸웃
그렇게 음식을 가리면 안 돼.

□ meal 미일 n. 식사, 끼니

I'd like to have a light meal.
아이(드) 라익 투 해 버 라잇 미일
간단하게 식사하고 싶은데요.

□ eat 이잇 v. 먹다

□ cook 쿡 n. 요리사 v. 요리하다

I like to cook.
아이 라이(크) 투 쿡
나는 요리하는 것을 좋아한다.

□ meat 미잇 n. 고기
   □ beef 비-(ㅍ) n. 소고기
   □ pork 퍼-(ㅋ) n. 돼지고기
   □ chicken 치킨 n. 닭고기
   □ lamb 램 n. 양고기 ●————→ tip. lamb은 새끼양의 고기를,
   □ mutton 머튼 n. 양고기 ●——→   mutton은 다 자란 양의 고기를 말합니다.

We specialize in chicken.
위 스페셜라이 진 치킨
저희는 닭고기 요리를 전문으로 하고 있습니다.

□ vegetable 베쥐터블 n. 채소

□ spinach 스피니취 n. 시금치

□ cucumber 큐-컴버 n. 오이

□ tomato 터메이토우 n. 토마토

□ carrot 캐럿 n. 당근

□ potato 퍼테이토우 n. 감자
　　□ sweet potato 스위잇 퍼테이토우 n. 고구마

□ cabbage 캐비쥐 n. 양배추

□ onion 어년 n. 양파

　Hold the onions, please.
　홀(ㄷ) 디 어년(ㅅ), 플리-(ㅈ)
　양파는 빼고 주세요.

□ garlic 갈-릭 n. 마늘

□ chili (pepper) 칠리 (페뻐) n. 고추

□ (black) pepper (블랙) 페뻐 n. 후추

□ bell pepper 벨 페뻐 n. 피망
　　□ paprika 패프리-커 n. 파프리카

□ eggplant 엑플랜(ㅌ) n. 가지

□ broccoli 브라컬리 n. 브로콜리

□ olive 알리(ㅂ) n. 올리브

□ fish 피쉬 n. 생선

□ anchovy 앤초우비 n. 멸치

□ salmon 새먼 n. 연어

□ tuna 튜-너 n. 참치

□ cod 캇 n. 대구

□ mackerel 매크럴 n. 고등어

□ squid 스쿠잇 n. 오징어

□ octopus 악터퍼(ㅅ) n. 문어 ⟶ **tip.** 영어에서는 낙지와 문어를 특별히 구별해서 쓰지 않지만, 낙지는 보통 small octopus라고 합니다.

□ crab 크랩 n. 게

□ lobster 랍스터 n. 바닷가재

□ shrimp 쉬림(ㅍ) n. 새우

□ clam 클램 n. 조개

□ oyster 어이스터 n. 굴

□ dried seaweed 드라잇 시-위잇 n. 김

□ grain 그레인 n. 곡물
   □ cereal 씨리얼 n. 곡물, 시리얼 ⟶ **tip.** cereal은 풀 형태로 된 곡물을 말합니다. 하지만, 우리가 흔히 식사 대용으로 먹는 '시리얼'을 가리키는 경우가 많습니다.

□ rice 라이(ㅆ) n. 쌀; 밥

   Do you want some more rice?
   두 유 원(ㅌ) 섬 머- 라이(ㅆ)?
   밥 더 줄까?

□ bean 비인 n. 콩
   □ kidney bean 킷니 비인 n. 강낭콩
   □ soybean 서이비인 n. 대두
   □ pea 피- n. 완두콩
   □ peanut 피-넛 n. 땅콩

□ adzuki bean 앳주-키 비인 n. 팥
   = red bean 렛 비인

□ corn 커언 n. 옥수수

□ flour 플라우어 n. 밀가루

☐ fruit 프루웃 n. 과일

☐ strawberry 스츠러-베리 n. 딸기

☐ raspberry 래(ㅈ)베리 n. 산딸기

☐ apple 애쁠 n. 사과

☐ pear 페어 n. 배

☐ orange 어-린쥐 n. 오렌지 •———→ **tip.** orange의 발음과 억양은 지역별로 차이를 보입니다.
오렌지로 유명한 캘리포니아 지방에서
'오렌지에 가장 가까운 발음을 냅니다.

☐ tangerine 탠저리인 n. 귤

☐ lemon 레먼 n. 레몬

☐ grape 그레입 n. 포도

☐ banana 버내너 n. 바나나

☐ melon 멜런 n. 멜론

☐ watermelon 워-터멜런 n. 수박

☐ pineapple 파인애쁠 n. 파인애플

☐ peach 피-취 n. 복숭아

☐ apricot 앱리카앗 n. 살구

☐ cherry 체리 n. 체리(앵두)

☐ mango 맹고우 n. 망고

☐ fig 픽 n. 무화과

☐ avocado 애버카-도우 n. 아보카도

□ **drink** 드링(ㅋ) n. 음료 v. 마시다

    □ **beverage** 베버리쥐 n. 음료

We'd like to order drinks first.
위(ㄷ) 라익 투 어-더 드링(ㅋㅅ) 퍼-슷
먼저 음료부터 주문할게요.

□ **water** 워-터 n. 물

May I have more water?
메이 아이 해(ㅂ) 머- 워-터?
물 좀 더 주시겠어요?

□ **milk** 밀(ㅋ) n. 우유

□ **soda** 소우더 n. 탄산음료

□ **beer** 비어 n. 맥주

Do you want to have a beer first?
두 유 원(ㅌ) 투 해 버 비어 퍼-슷?
우선 맥주부터 드실래요?

□ **wine** 와인 n. 포도주, 와인

□ **coffee** 커-피 n. 커피

Bring me the coffee later, please.
브링 미 더 커-피 레이터, 플리-(ㅈ)
커피는 나중에 갖다주세요.

□ **dessert** 디저-(ㅌ) n. 디저트, 후식

What kinds of desserts do you have?
왓 카인 저(ㅂ) 디저-(ㅊ) 두 유 해(ㅂ)?
디저트로는 무엇이 있습니까?

□ **ice cream** 아이(ㅆ) 크리임 n. 아이스크림

I will have some ice cream for dessert.
아이 윌 해(ㅂ) 섬 아이(ㅆ) 크리임 퍼 디저-(ㅌ)
디저트는 아이스크림으로 할게요.

□ seasoning 시-저닝 n. 양념

□ salt 서얼(트) n. 소금

> I'd like it cooked without salt.
> 아이(드) 라익 잇 쿡(트) 위다웃 서얼(트)
> 소금을 넣지 않고 요리해 주세요.

□ sugar 슈거 n. 설탕

□ vinegar 비너거 n. 식초

□ soy sauce 서이 서-(ㅆ) n. 간장

□ soybean paste 서이비인 페이슷 n. 된장

□ red pepper paste 렛 페뻐 페이슷 n. 고추장

□ cooking oil 쿠킹 어일 n. 식용유
> □ olive oil 알리(ㅂ) 어일 n. 올리브유
> □ sesame oil 세서미 어일 n. 참기름

□ dressing 드레싱 n. 드레싱, 소스

> What kind of dressing would you like?
> 왓 카인 더(ㅂ) 드레싱 우 쥬 라익?
> 드레싱은 어느 걸로 하시겠어요?

□ mayonnaise 메이어네이(ㅈ) n. 마요네즈
> = mayo 메이오우 ⟶ **tip.** mayo는 mayonnaise의 비격식 표현입니다.

> With no mayo.
> 윗 노우 메이오우
> 마요네즈는 빼 주세요.

□ mustard 머스터(ㄷ) n. 겨자

□ ketchup 케첩 n. 케첩

□ honey 허니 n. 꿀

□ jam 잼 n. 잼

□ butter 버더 n. 버터

□ recipe 레써피 n. 요리법, 레시피

> I just use my mom's old recipe.
> 아이 저슷 유-(ㅈ) 마이 맘 소울(ㄷ) 레써피
> 엄마가 쓰시던 요리법을 사용했을 뿐이에요.

□ peel 피일 v. 껍질을 벗기다

□ cut 컷 v. 자르다

□ chop 찹 v. 잘게 썰다, 다지다

□ mix 믹(ㅅ) v. 섞다

□ fry 프라이 v. (기름에) 튀기다

□ bake 베익 v. 굽다

> Could I have it baked a little more?
> 쿠 다이 해 빗 베익 터 리들 머-?
> 좀 더 구워 주시겠어요?

□ roast 로우슷 v. (특히 고기를 오븐이나 불 위에) 굽다

□ grill 그릴 v. (그릴이나 석쇠에) 굽다

□ boil 버일 v. 삶다

□ steam 스티임 v. 찌다

□ cooker 쿠커 n. 조리 기구
  □ knife 나이(ㅍ) n. 칼

□ cutting board 커딩 버-(드) n. 도마

□ ladle 레이들 n. 국자

□ pot 팟 n. (둥글고 속이 깊은) 냄비

□ saucepan 서-(ㅆ)팬 n. (긴 손잡이가 달린) 냄비

□ frying pan 프라잉 팬 n. 프라이팬

The frying pans are arranged by size.
더 프라잉 팬 사- 어랜쥐(드) 바이 사이(ㅈ)
프라이팬은 크기별로 정리되어 있어요.

□ tableware 테이블웨어 n. 식기

□ plate 플레잇 n. 접시

□ bowl 보울 n. 그릇, 사발

You should handle those bowls with care.
유 슈(드) 핸들 도우즈 보울(ㅅ) 윗 캐어
이 그릇들을 조심해서 다뤄야 해요.

□ tray 츠레이 n. 쟁반

12. 음식 투정

꼭! 써먹는 **실전 회화**

Mary Finish up your plate.
피니쉬 업 유어 플레잇
남기지 말고 다 먹어.

Tom I don't like peas. They're disgusting.
아이 도운(트) 라익 피-(ㅅ). 데어 디스거스팅
콩은 싫어하는데. 맛이 없어.

Mary Don't be so choosy about your food.
도운(트) 비- 소우- 추-지 어바웃 유어 푸웃
그렇게 음식을 가리면 안 돼.

Tom Okay. Then can I put some ketchup on them?
오우케이. 덴 캔 아이 풋 섬 케첩 언 뎀?
알았어. 그럼 케첩 좀 뿌려도 되지?

Unit 13.
취미 Hobbies 하비(ㅅ)

□ hobby 하비
　　n. 취미

□ sport 스퍼-(ㅌ)
　　n. 스포츠, 운동

□ play 플레이
　　v. 놀다, 시합을 하다

□ tennis 테니(ㅅ)
　　n. 테니스

□ badminton 뱃민튼
　　n. 배드민턴

□ soccer 사커 n. 축구

□ football 풋버얼
　　n. 미식축구

□ baseball 베이스버얼
　　n. 야구

□ basketball 배스킷버얼
　　n. 농구

□ volleyball 발리버얼
　　n. 배구

□ golf 갈(ㅍ)
　　n. 골프

□ run 런 v. 달리다

□ jogging 자깅
　　n. 조깅

□ yoga 요우거
　　n. 요가

□ swimming 스위밍
　　n. 수영

□ skiing 스키잉
　　n. 스키

□ skating 스케이팅
　　n. 스케이트

□ music 뮤-직
n. 음악

□ listen to 리슨 투
듣다

□ sing 싱 v. 노래하다

□ song 서엉 n. 노래

□ singer 싱어
n. 가수

□ musical instrument
뮤-지컬 인스츠러먼(트)
악기

□ piano 피애노우
n. 피아노

□ violin 바이얼린
n. 바이올린

□ cello 첼로우
n. 첼로

□ guitar 기타-
n. 기타

□ drum 드럼
n. 드럼, 북

□ flute 플루웃
n. 플루트

□ perform 퍼퍼엄
v. 연주하다, 공연하다

□ concert 칸써-(트)
n. 음악회, 콘서트

□ opera 아퍼러
n. 오페라

□ musical 뮤-지클
n. 뮤지컬

155

□ movie 무-비 n. 영화
= film 필음

□ theater 씨-어터 n. 극장, 영화관
= cinema 씨너머

□ action movie 액션 무-비
　n. 액션 영화

□ horror movie 허-러 무-비
　n. 공포 영화

□ animated movie
　애너메이팃 무-비
　n. 만화 영화, 애니메이션

□ science fiction movie
　사이언(ㅆ) 픽션 무-비
　n. 공상 과학 영화

□ comedy movie 카머디 무-비
　n. 코미디 영화

□ documentary movie 다큐멘터리 무-비
　n. 기록 영화, 다큐멘터리

□ movie director 무-비 디렉터
　n. 영화 감독

□ actor 액터
　n. 배우

□ actress 액츠리(ㅅ)
　n. 여배우

□ book 북
　n. 책

□ bookstore 북스터-
　n. 서점

□ read 리잇 v. 읽다

□ reading 리-딩 n. 독서

□ literature 리터러춰
　n. 문학

□ magazine 매거지인
　n. 잡지

□ comic book 카믹 북
　n. 만화책

□ novel 나벌 n. 소설

□ biography
　바이아-그러피
　n. 위인전

□ fairy tale book
　페어리 테일 북
　n. 동화책

□ poem 포우엄 n. 시

156

□ **photograph**
포우터그래(ㅍ)
= **photo** 포우토우
= **picture** 픽춰
n. 사진

□ **paint** 페인(트)
v. 그리다, 채색하다

□ **draw** 드러-
v. (선으로) 그리다

□ **painting** 페인팅
n. 그림, 유화, 수채화

□ **illustration**
일러스츠레이션 n. 삽화

□ **painter** 페인터
n. 화가

□ **color** 컬러 n. 색, 물감

□ **brush** 브러쉬
n. 붓

□ **play a game**
플레이 어 게임
게임을 하다

□ **chess** 체(ㅅ)
n. 체스, 서양장기

□ **climbing** 클라이밍
n. 등산

□ **climb** 클라임
v. 등산하다

□ **walking** 워킹
n. 산책, 산보

□ **take a walk** 테익 어 웍
산책하다

□ **camping** 캠핑
n. 야영, 캠핑

□ **fish** 피쉬 v. 낚시하다

□ **fishing** 피싱 n. 낚시

□ **collect** 컬렉(트)
v. 수집하다

157

☐ leisure 리-저 n. 여가, 여가활동

☐ hobby 하비 n. 취미

What are your hobbies?
왓(ㅊ) 유어 하비(ㅈ)?
취미가 뭐예요?

☐ sport 스퍼-(ㅌ) n. 스포츠, 운동
  ☐ work out 워- 카웃 운동하다

What sports do you like?
왓 스퍼-(ㅊ) 두 유 라익?
무슨 스포츠를 좋아하세요?

☐ play 플레이 v. 놀다, 시합을 하다

☐ game 게임 n. 게임, 경기, 시합 ⌒ tip. 미식축구나 야구는 game을,
  ☐ match 맷춰 n. 경기, 시합   축구나 럭비, 배드민턴 등은 match를 사용합니다.
                                    테니스나 스쿼시 등의 세트 스포츠에서의 game은
☐ ball 버얼 n. 공   한 세트분의 경기를 의미합니다.

☐ racket 래킷 n. 라켓

☐ tennis 테니(ㅅ) n. 테니스

☐ badminton 뱃민튼 n. 배드민턴

☐ soccer 사커 n. 축구
  ☐ football 풋버얼 n. 미식축구

☐ baseball 베이스버얼 n. 야구

I often watch baseball games on TV.
아이 어-펀 왓춰 베이스버얼 게임 선 티-비-
TV 야구 중계를 자주 봐요.

☐ basketball 배스킷버얼 n. 농구

□ volleyball 발리버얼 n. 배구

□ golf 갈(ㅍ) n. 골프

> I'm passionate about golf.
> 아임 패셔네잇 어바웃 갈(ㅍ)
> 나는 골프에 빠져 있어요.

□ cycling 싸이클링 n. 사이클링, 자전거 경기

□ boxing 박싱 n. 권투, 복싱

□ run 런 v. 달리다

□ jogging 자깅 n. 조깅
> □ jog 작 v. 조깅하다

□ yoga 요우거 n. 요가

□ gym 짐 n. 체육관, 헬스클럽

> How often do you go to the gym?
> 하우 어-펀 두 유 고우 투 더 짐?
> 헬스클럽에 얼마나 자주 가세요?

□ swimming 스위밍 n. 수영
> □ swim 스윔 v. 수영하다
> □ swimming pool 스위밍 푸울 n. 수영장

> I can't swim at all.
> 아이 캔(ㅌ) 스윔 앳 어얼
> 저는 수영을 전혀 못 해요.

□ skiing 스키잉 n. 스키 ●━━━➤ tip. skiing은 취미나 운동 종목 이름으로써의 '스키'를,
> □ ski 스카- n. 스키 v. 스키를 타다 ski는 '스키 도구'를 가리킵니다.

> In the winter, I go skiing almost every week.
> 인 더 윈터, 아이 고우 스키잉 어얼모우슷 에브리 위익
> 겨울이 되면, 거의 매주 스키를 타러 가요.

☐ **skating** 스케이팅 n. 스케이트 •————→ **tip.** skating은 취미나
  ☐ **skate** 스케잇 n. 스케이트 v. 스케이트를 타다   운동 종목 이름으로써의 '스케이트'를,
  ☐ **ice rink** 아이(ㅆ) 링(ㅋ) n. 스케이트장   skate는 '스케이트 도구'를 가리킵니다.
  ☐ **roller skate** 로울러 스케잇 n. 롤러스케이트

☐ **music** 뮤-직 n. 음악
  ☐ **listen to** 리슨 투 듣다

  I like listening to music.
  아이 라익 리스닝 투 뮤-직
  음악 듣는 것을 좋아해요.

☐ **genre** 잔러 n. 장르

☐ **sing** 싱 v. 노래하다
  ☐ **song** 서엉 n. 노래
  ☐ **singer** 싱어 n. 가수

  Who's your favorite singer?
  후 쥬어 페이버릿 싱어?
  좋아하는 가수는 누구예요?

☐ **lyrics** 리릭(ㅅ) n. 가사   **tip.** '작사하다'는 write the lyrics 또는 write the words라고 하며,
              '작사가'는 lyricst라고 합니다.

☐ **compose** 컴포우(ㅈ) v. 작곡하다
  ☐ **composer** 컴포우저 n. 작곡가

☐ **melody** 멜러디 n. 멜로디, 선율

☐ **record** 레커(ㄷ) n. 음반, 디스크

  tip. record는 녹음된 '음반'을 말하는 단어입니다.
     [리커-(ㄷ)]라고 발음하면 '녹음하다, 기록하다'라는 동사가 됩니다.

☐ **musical instrument** 뮤-지컬 인스츠러먼(ㅌ) 악기

  Do you play any musical instruments?
  두 유 플레이 애니 뮤-지컬 인스츠러먼(ㅊ)?
  악기를 다룰 줄 아세요?

□ **piano** 피애노우 n. 피아노

I play the piano a little.
아이 플레이 더 피애노우 어 리들
피아노를 조금 칩니다.

□ **violin** 바이얼린 n. 바이올린

□ **viola** 비오울러 n. 비올라

□ **cello** 첼로우 n. 첼로

□ **double bass** 더블 베이(ㅅ) n. 더블베이스

□ **harp** 하-(ㅍ) n. 하프

□ **guitar** 기타- n. 기타

I'm learning to play the guitar for fun.
아임 러-닝 투 플레이 더 기타- 퍼 펀
취미로 기타를 배우고 있어요.

□ **drum** 드럼 n. 드럼, 북

□ **flute** 플루웃 n. 플루트

□ **oboe** 오우보우 n. 오보에

□ **trumpet** 트럼핏 n. 트럼펫

□ **saxophone** 색서포운 n. 색소폰

□ **perform** 퍼퍼엄 v. 연주하다, 공연하다
　　□ **performance** 퍼퍼-먼(ㅆ) n. 연주, 공연

□ **concert** 칸써-(ㅌ) n. 음악회, 콘서트

□ **opera** 아퍼러 n. 오페라

□ musical 뮤-지클 n. 뮤지컬

□ orchestra 어-커스츠러 n. 오케스트라, 교향악단

□ conductor 컨덕터 n. 지휘자

□ movie 무-비 n. 영화 ●————→ **tip.** '영화'를 말할 때 movie나 film은 주로 미국에서,
    = film 필음   cinema는 주로 영국에서 사용합니다.
    □ see a movie 시- 어 무-비 영화를 보다
    □ go to the movies 고우 투 더 무-비(ㅅ) 극장에 가다

    Let's go to see a movie tonight.
    렛(ㅊ) 고우 투 시- 어 무-비 터나잇
    오늘 밤에 영화 보러 가자.

□ theater 씨-어터 n. 극장, 영화관
    = cinema 씨너머

□ release 릴리-(ㅅ) v. 개봉, 개봉하다
    □ premiere 프리미어 n. 초연

                      → **tip.** 영화 장르에 대해 말할 때는
                        movie 대신 film을 사용하기도 합니다.
□ action movie 액션 무-비 n. 액션 영화
    □ romantic movie 로우맨틱 무-비 n. 로맨틱 영화
    □ animated movie 애너메이팃 무-비 n. 만화 영화, 애니메이션
    □ comedy movie 카머디 무-비 n. 코미디 영화
    □ horror movie 허-러 무-비 n. 공포 영화
    □ science fiction movie 사이언(씨) 픽션 무-비 n. 공상 과학 영화
    □ documentary movie 다큐멘터리 무-비 n. 기록 영화, 다큐멘터리

□ movie director 무-비 디렉터 n. 영화 감독

□ actor 액터 n. 배우
    □ actress 액츠리(ㅅ) n. 여배우
    □ main character 메인 캐릭터 n. 주인공
    □ supporting role 서퍼-팅 로울 n. 조연 역, 단역
    □ extra 엑스츠러 n. 엑스트라, 단역 배우

□ audience 어-디언(씨) n. 관객

□ synopsis 시납시(ㅅ) n. 줄거리

□ book 북 n. 책
    □ bookstore 북스터- n. 서점
    □ E-book 이-북 n. 전자책(electric book의 약어)

How many books do you read a month?   **tip.** digital book이라고도 하며,
하우 메니 북(ㅅ) 두 유 리잇 어 먼쓰?   종이에 인쇄하지 않고, 전자 장치를
한 달에 몇 권이나 읽으세요?   이용하여 보는 책을 말합니다.

□ read 리잇 v. 읽다
    □ reading 리-딩 n. 독서

□ library 라입레리 n. 도서관
    □ book lending 북 렌딩 도서 대출

□ write 라잇 v. 쓰다, (작품 등을) 저술하다

□ literature 리터러춰 n. 문학
    □ novel 나벌 n. 소설
    □ poem 포우엄 n. 시
    □ essay 에세이 n. 수필, 에세이
    □ magazine 매거지인 n. 잡지
    □ comic book 카믹 북 n. 만화책
    □ fairy tale book 페어리 테일 북 n. 동화책
    □ biography 바이아-그러피 n. 위인전
    □ autobiography 어-터-바이아-그러피 n. 자서전

□ writer 라이터 n. 글 쓰는 사람, 작가
    □ author 어-써 n. 작가, 저자
    □ novelist 나벌리슷 n. 소설가
    □ poet 포우잇 n. 시인
    □ essayist 에세이슷 n. 수필가

□ **photograph** 포우터그래(ㅍ) n. 사진
    = **photo** 포우토우
    = **picture** 픽춰 n. 사진; 그림
    □ **photography** 퍼타그라피 n. 사진 촬영, 사진 촬영술
    □ **take a picture** 테익 어 픽춰 사진을 찍다
    = **take a photo** 테익 어 포우토우
    □ **camera** 캐머러 n. 카메라

No Photography Allowed.
노우 퍼타그래피 일라우(ㄴ)
사진 촬영 금지.

Could you take a picture of me?
쿠 쥬 테익 어 픽처 어(ㅂ) 미?
사진 좀 찍어 주실래요?

→ **tip.** 보통 물감이나 페인트로 그리는 것은 paint,
연필이나 펜으로 그리는 것은 draw라고 합니다.

□ **paint** 페인(ㅌ) v. (그림을) 그리다, 채색하다
    □ **draw** 드러- v. (선으로) 그리다
    □ **painting** 페인팅 n. 그림, 유화, 수채화
    □ **painter** 페인터 n. 화가
    □ **drawing** 드러-잉 n. (무채색의) 소묘
    □ **sketch** 스켓취 n. 스케치, 밑그림
    □ **illustration** 일러스츠레이션 n. 삽화
    □ **color** 컬러 n. 색, 물감   → **tip.** 영국에서는 colour라고 씁니다.
    □ **brush** 브러쉬 n. 붓
    □ **canvas** 캔버(ㅅ) n. 캔버스

□ **play a game** 플레이 어 게임 게임을 하다
    □ **board game** 버-(ㄷ) 게임 n. 보드게임
    □ **chess** 체(ㅅ) n. 체스, 서양장기
    □ **dice** 다이(ㅆ) n. 주사위

□ **climbing** 클라이밍 n. 등산
    □ **climb** 클라임 v. 등산하다
    □ **rock-climbing** 락클라이밍 n. 암벽 등반

□ walking 워킹 n. 산책, 산보
　□ take a walk 테익 어 웍 산책하다
　= go for a walk 고우 퍼 어 웍

　I take a walk everyday for exercise.
　아이 테익 어 웍 에브리데이 퍼 엑서싸이(ㅈ)
　운동으로 매일 산책하고 있어요.

□ camping 캠핑 n. 야영, 캠핑

□ fishing 피싱 n. 낚시
　□ fish 피쉬 v. 낚시하다

□ collect 컬렉(트) v. 수집하다
　□ collection 컬렉션 n. 수집, 수집물, 컬렉션

꼭! 써먹는 **실전 회화**

13. 기타

Mary　What do you do when you have free time?
왓 두 유 두 웬 유 해(ㅂ) 프리- 타임?
넌 시간 있을 때 뭐 해?

Anna　I play the guitar.
아이 플레이 더 기타-
나는 기타를 쳐.

Mary　That's interesting! Could you play me a song?
댓(ㅊ) 인터레스팅! 쿠 쥬 플레이 미 어 서엉?
재밌구나! 나를 위해 한 곡 연주해 줄 수 있니?

Anna　I've just started learning but I'll give it a try.
아이(ㅂ) 저슷 스타-팃 러-닝 벗 아일 기 빗 어 츠라이
막 배우기 시작했는데 한 번 시도해 볼게.

□ telephone 텔러포운
= phone 포운
  n. 전화

□ cellular phone
  쎌룰러 포운
= cell phone 쎌 포운
  n. 휴대전화

□ smartphone
  스마-(트)포운
  n. 스마트폰

□ call 커얼
= make a call
  메익 어 커얼
  전화를 걸다

□ answer the phone
  앤서 더 포운
= take the phone
  테익 더 포운
  전화를 받다

□ hang up 행 업
  전화를 끊다

□ phone number
  포운 넘버 전화번호

□ message 메시쥐
  n. 메시지
  v. 메시지를 보내다

□ SMS 에쎔에(ㅅ)
= text message
  텍슷 메시쥐
  문자 메시지

□ ring-tone 링토운
  n. 벨소리

□ video call 비디오우 커얼
  n. 영상 통화

□ vibrate 바입레잇
  v. 진동모드로 하다

□ application 애플리케이션
= app 앱
  n. 애플리케이션, 앱

□ roaming service
로우밍 서-비(ㅆ)
  n. 로밍서비스

□ download 다운로웃
  v. 다운로드하다

□ upload 업로웃
  v. 업로드하다

□ update 업데잇
  v. 업데이트하다,
    ~을 최신식으로 하다

□ battery 배더리
  n. 배터리, 건전지

□ charge 차-쥐
  v. 충전하다

□ turn on 터언 언
켜다

□ turn off 터언 어-(ㅍ)
끄다

□ Wi-Fi 와이파이
  n. 와이파이, 무선 인터넷

□ Internet banking
인터-넷 뱅킹
  n. 인터넷 뱅킹

□ online game
언라인 게임
  n. 온라인 게임

□ online shopping
언라인 샤핑
  n. 인터넷 쇼핑

□ **favorite** 페이버릿
n. 즐겨찾기

□ **connect** 커넥(ㅌ)
v. 접속하다

□ **log on** 러 건
= **log in** 러 긴
로그인하다

□ **log off** 러 거-(ㅍ)
= **log out** 러 가웃
로그아웃하다

□ **e-mail** 이-메일
n. 이메일
v. 전자 우편을 보내다

□ **computer** 컴퓨-터
n. 컴퓨터

□ **laptop computer**
랩탑 컴퓨-터
노트북 컴퓨터

□ **tablet** 태블릿
n. 태블릿 컴퓨터

□ **monitor** 마-니터
n. 모니터

□ **hard disk** 하-(ㄷ) 디슥
= **hard drive**
하-(ㄷ) 드라이(ㅂ)
하드 디스크

□ **RAM** 램
n. 램(랜덤 기억 장치)

□ **keyboard** 키-버-(ㄷ)
n. 키보드

□ **mouse** 마우(ㅅ)
n. 마우스

□ **wireless mouse**
와이어리(ㅅ) 마우(ㅅ)
무선 마우스

168

□ click 클릭
v. 클릭하다

□ printer 프린터
n. 프린터

□ webcam 웹캠
n. 웹캠

□ folder 포울더
n. 폴더

□ file 파일
n. 파일

□ save 세이(ㅂ)
v. 저장하다

□ delete 딜릿
v. 지우다

□ security 시큐어러티
n. 보안

□ antivirus 앤티바이러(ㅅ)
= vaccine 백씨인
n. 항(抗)바이러스,
백신(컴퓨터 바이러스를
제거하는 프로그램)

□ block 블라악
v. 차단하다

□ Social Network
Service
소우셜 넷워-(ㅋ) 서-비(ㅆ)
소셜 네트워크, SNS

□ blog 블라-(ㄱ)
n. 블로그

169

☐ telephone 텔러포운 n. 전화
　　= phone 포운

☐ cellular phone 쎌룰러 포운 n. 휴대전화
　　= cell phone 쎌 포운

　　Turn your cell phone off before the movie starts.
　　터언 유어 쎌 포운 어-(ㅍ) 비퍼- 더 무-비 스타-(ㅊ)
　　영화 시작 전에 휴대전화를 꺼 두세요.

☐ smartphone 스마-(ㅌ)포운 n. 스마트폰

☐ call 커얼 v. 전화를 걸다　●──→ **tip.** 전화 통화를 시작할 때 한국어의 '여보세요'에 해당하는
　　= make a call 메익 어 커얼　　　　영어는 hello입니다. 하지만 Good morning이나
　　　　　　　　　　　　　　　　　　Good afternoon 등의 인사도 가능합니다.

　　I'm calling about the project.
　　아임 커-링 어바웃 더 프러젝(ㅌ)
　　프로젝트 때문에 전화드렸습니다.

☐ call back 커얼 백 다시 전화하다

　　Please call me back in 10 minutes.
　　플리-(ㅈ) 커얼 미 백 인 텐 미닛(ㅊ)
　　10분 후에 다시 전화해 주세요.

☐ hang up 행 업 전화를 끊다

☐ hold on 호울 던 끊지 않고 기다리다

　　Hold on, please.
　　호울 던, 플리-(ㅈ)
　　잠시만 기다리세요.

☐ answer the phone 앤서 더 포운 전화를 받다
　　= take the phone 테익 더 포운

☐ transfer 츠랜스퍼 v. 전화를 바꾸다

☐ busy 비지 a. 통화 중인

□ **phone number** 포운 넘버 전화번호

Can I get your phone number?
캔 아이 겟 유어 포운 넘버?
전화번호를 알려 주시겠어요?

□ **wrong number** 러엉 넘버 잘못 걸린 전화

You have the wrong number.
유 해(ㅂ) 더 러엉 넘버
전화 잘못 거셨어요.

□ **public phone** 퍼블릭 포운 공중전화 •———→ **tip.** 미국에서는 공중전화의 전화번호로
= **pay phone** 페이 포운   전화를 수신하는 것이 가능합니다.

□ **collect call** 컬렉(ㅌ) 커얼 수신자 부담 전화

□ **emergency call** 이머-전씨 커얼 긴급 전화

□ **answering machine** 앤서링 머쉰 자동응답기 **tip.** 예전에 쓰던 녹음을 남길 수 있는
                                                      구형 전화기를 말합니다.
□ **message** 메시쥐 n. 메시지 v. 메시지를 보내다   요즘은 voice mail
  □ **messenger** 메신저 n. 메신저   (음성 메시지를 녹음할 수 있는
                                                      전자 장치)을 이용합니다.
Can I take a message?
캔 아이 테익 어 메시쥐?
메시지를 남기시겠어요?

□ **SMS** 에셈에(ㅅ) 문자 메시지 •——→ **tip.** SMS는 Short Message Service의 약자입니다.
  = **text message** 텍슷 메시쥐
  □ **send a message** 센 더 메시쥐 문자 메시지를 보내다
  = **text** 텍슷 v.
  □ **receive a message** 리씨- 버 메시쥐 문자 메시지를 받다

Text me your phone number.
텍슷 미 유어 포운 넘버
네 전화번호를 문자 메시지로 보내 줘.

□ ring-tone 링토운 n. 벨소리 ➔ **tip.** 우리가 흔히 '컬러링'이라 부르는 통화연결음은
ring-back tone이나 call waiting tone이라고 합니다.

I downloaded a ring-tone through the Internet.
아이 다운로우디 더 링토운 쓰루– 디 인터–넷
인터넷에서 벨소리를 다운로드 했지.

□ video call 비디오우 커얼 n. 영상 통화

□ vibrate 바입레잇 v. 진동모드로 하다
　　□ vibration 바입레이션 n. 진동

□ USIM 유–심 n. 유심, 사용자 식별 카드
　（universal subscriber identity module의 약자）

□ roaming service 로우밍 서–비(ㅆ) n. 로밍서비스

Don't forget to have roaming service before you go abroad.
도운(ㅌ) 퍼켓 투 해(ㅂ) 로우밍 서–비(ㅆ) 비퍼– 유 고우 업러엇
해외에 가기 전에 휴대전화 로밍서비스 하는 거 잊지 마.

□ application 애플리케이션 n. 애플리케이션, 앱
　= app 앱

□ download 다운로웃 v. 다운로드하다

□ upload 업로웃 v. 업로드하다

□ update 업데잇 v. 업데이트하다, ~을 최신식으로 하다

□ battery 배더리 n. 배터리, 건전지

My battery is low.
마이 배더리 이즈 로우
배터리가 별로 없어.

□ charge 차–쥐 v. 충전하다 ➔ **tip.** '방전되다'는 discharge,
'방전된 배터리'는 dead battery라고 합니다.
　　□ charger 차–쥐 n. 충전기

☐ **turn on** 터언 언 켜다

☐ **turn off** 터언 어-(ㅍ) 끄다

☐ **Wi-Fi** 와이파이 n. 와이파이, 무선 인터넷 • ⟶ tip. wireless fidelity의 준말입니다.

☐ **mobile data** 모우벌 데이터 모바일 데이터

⟶ tip. Internet은 고유명사처럼
항상 대문자로 시작하는 단어입니다.

☐ **Internet** 인터-넷 n. 인터넷 •
    ☐ **Internet banking** 인터-넷 뱅킹 n. 인터넷 뱅킹
    ☐ **online game** 언라인 게임 n. 온라인 게임
    ☐ **online shopping** 언라인 샤핑 n. 인터넷 쇼핑

☐ **favorite** 페이버릿 n. 즐겨찾기

☐ **connect** 커넥(ㅌ) v. 접속하다

☐ **e-mail** 이-메일 n. 이메일 v. 전자 우편을 보내다

    Could I get your e-mail address?
    쿠 다이 겟 유어 이-메일 앳레(ㅅ)?
    이메일 주소가 뭐야?

☐ **attached file** 어태칫 파일 n. 첨부 파일
    = **attachment** 어태치먼(ㅌ)

☐ **log on** 러 건 로그인하다
    = **log in** 러 긴

☐ **log off** 러 거-(ㅍ) 로그아웃하다
    = **log out** 러 가웃

☐ **sign in** 사인 인 회원가입하다 • ⟶ tip. 회원가입에는 이 외에도 sign up, register, join, enroll, create account 등을 사용하며, 사이트에 따라 사용하는 용어의 차이가 있습니다.

☐ **drop out** 드랍 아웃 회원탈퇴하다
    = **deactivate** 디-액터베잇 v.

□ account 어카운(트) n. 계정

□ website 웹사잇 n. 웹사이트
    □ create a website 크리에잇 어 웹사잇 웹사이트를 만들다

□ homepage 호움페이쥐 n. 홈페이지

□ access 액쎄(ㅅ) v. (사이트에) 접속하다
    □ access a website 엑쎄 서 웹사잇 웹사이트에 접속하다

□ browser 브라우저– n. 브라우저
    □ browse a website 브라우 저 웹사잇 웹서핑하다
    = browse the Internet 브라우(ㅈ) 디 인–터넷

□ search 서–취 v. 검색하다
    □ search bar 서–취 바– 검색창
    □ address bar 앳레(ㅅ) 바– 주소창

□ ID 아이디– n. 아이디

    tip. identification(신분)의 약자로, '신분증'을 나타내는 말로도 쓰입니다.

□ password 패스워–(ㄷ) n. 비밀번호

                                    → tip. 컴퓨터를 잘 못하는 것을 뜻하는 '컴맹'이라는 말은
□ computer 컴퓨–터 n. 컴퓨터   computer-illiterate라고 합니다.
    □ desktop computer 데슥탑 컴퓨–터 데스크톱 컴퓨터
    □ laptop computer 랩탑 컴퓨–터 노트북 컴퓨터
    □ tablet 테블릿 n. 태블릿 컴퓨터

    Do you know how to use a computer?
    두 유 노우 하우 투 유– 저 컴퓨–터?
    컴퓨터를 사용할 줄 아세요?

□ monitor 마–니터 n. 모니터
    □ display 디스플레이 n. 디스플레이 장치, 액정화면
    □ screen 스크리인 n. 화면

174

□ **keyboard** 키-버-(드) n. 키보드

tip. 두 개의 손가락만 사용하는 속칭 '독수리 타법'은 two-fingered typing 또는 hunt and peck typing이라고 합니다.

He's typing on a keyboard.
히(ス) 타이핑 언 어 키-버-(드)
그는 키보드로 입력하고 있어요.

□ **shortcut** 셔-(ㅌ)컷 n. 단축키

□ **mouse** 마우(ㅅ) n. 마우스

  □ **wireless mouse** 와이어리(ㅅ) 마우(ㅅ) 무선 마우스
  □ **mouse pad** 마우(ㅅ) 팻 마우스 패드

I'd like a wireless mouse.
아이(드) 라익 어 와이어리(ㅅ) 마우(ㅅ)
무선 마우스가 있으면 좋겠는데.

tip. mouse는 '쥐'라는 뜻도 있습니다. 동물 mouse(쥐)의 복수형은 mice이지만, 컴퓨터 마우스의 복수형은 mouses나 mice 모두 가능합니다.

□ **click** 클릭 v. 클릭하다

Click the open button.
클릭 디 오우펀 버튼
열기 버튼을 클릭해 봐.

□ **tap** 탭 v. 가볍게 치다

Her fingers quickly tapped out a message on the keyboard.
허 핑거(ㅅ) 쿠익리 탭 타웃 어 메시쥐 언 더 키-버-(드)
그녀는 손가락으로 빠르게 키보드로 메시지를 쳤다.

□ **hard disk** 하-(드) 디슥 하드 디스크
  = **hard drive** 하-(드) 드라이(ㅂ)

□ **RAM** 램 n. 램(랜덤 기억 장치)

tip. RAM은 random-access memory의 줄임말로 주기억 장치를 뜻하며 읽기, 쓰기, 지우기가 가능하고 전원이 끊기면 데이터가 사라지지만, ROM은 read-only memory의 줄임말로 읽기만 가능한 기억 장치이며, 전원이 끊겨도 데이터가 사라지지 않습니다. 대표적으로 CD-ROM을 생각하면 됩니다.

□ **ROM** 롬 n. 롬(읽기 전용 기억 장치)

□ **program** 프로우그램 n. 프로그램

□ **operating system** 아퍼레이팅 시스템 컴퓨터 운영 체제
  = **OS** 오우에(ㅅ) (operating system의 약자)

tip. windows나 linux와 같은 OS를 의미합니다.

□ install 인스터얼 v. 설치하다

    = set up 셋 업 설치하다

    Set up needs to restart your computer to continue.
    셋 업 니-(ㅈ) 투 리스타-(ㅌ) 유어 컴퓨-터 투 컨티뉴-
    설치를 계속하려면 컴퓨터를 다시 시작해야 합니다.

□ printer 프린터 n. 프린터

    The printer is out of ink. → tip. 프린터에 종이가 걸렸을 때는
    더 프린터 이즈 아웃 어(ㅂ) 잉(ㅋ)   'The printer is jammed.'라고 합니다.
    프린터에 토너가 떨어졌어요.

□ scanner 스캐너 n. 스캐너

□ copy machine 카-피 머쉰 n. 복사기

    = copier 카-피어

    Can you show me how to use the copier?
    캔 유 쇼우 미 하우 투 유-(ㅈ) 더 카-피어?
    복사기 사용법 좀 가르쳐 줄래요?

□ webcam 웹캠 n. 웹캠

□ wallpaper 워얼페이퍼 n. 바탕화면

□ folder 포울더 n. 폴더

□ file 파일 n. 파일

□ save 세이(ㅂ) v. 저장하다 → tip. 파일을 덮어쓸 때는 overwrite라고 합니다.

    Would you save this file as a text file?
    우 쥬 세이(ㅂ) 디스 파일 애 저 텍숫 파일?
    이 문서를 txt 형식으로 저장해 줄래요?

□ delete 딜릿 v. 지우다

    I accidentally deleted the file.
    아이 액씨던털리 딜리팃 더 파일
    실수로 파일을 지웠어요.

☐ security 시큐어러티 n. 보안

☐ virus 바이러(ㅅ) n. 바이러스
    ☐ antivirus 앤티바이러(ㅅ) n. 항(抗)바이러스(바이러스 퇴치용)
    = vaccine 백씨인 n. 백신(컴퓨터 바이러스를 제거하는 프로그램)

☐ spam mail 스팸 메일 스팸메일

☐ block 블라악 v. 차단하다

☐ Social Network Service 소우셜 넷워–(ㅋ) 서–비(ㅆ) 소셜 네트워크, SNS

☐ blog 블라–(ㄱ) n. 블로그

    Introduce your blog.
    인츠러듀–(ㅆ) 유어 블라–(ㄱ)
    네 블로그를 소개해 줘.

☐ guest book 게슷 북 방명록

14. 이메일

꼭! 써먹는 **실전 회화**

Jimmy   Did you read the e-mail I sent you?
        디 쥬 리잇 디 이–메일 아이 센 츄?
        자네 내가 보낸 이메일 봤나?

Tom   No, not yet.
        노우, 낫 옛
        아뇨, 아직입니다.

Jimmy   Will you reply to me after you read it?
        윌 유 리플라이 투 미 애(ㅍ)터 유 리– 딧?
        확인하거든 내게 답신해 줄 수 있나?

Tom   Of course!
        어(ㅂ) 커–(ㅅ)!
        물론입니다!

Exercise

다음 단어를 읽고 맞는 뜻과 연결하세요.

1. bag   •   • 가구

2. clothes   •   • 가방

3. food   • • 스포츠, 운동

4. furniture   • • 신발, 구두

5. hobby   • • 영화

6. home   • • 옷

7. Internet   • • 음식

8. movie   • • 음악

9. music   • • 인터넷

10. shoes   • • 전화

11. sport   • • 집, 가정

12. telephone   • • 취미

1. bag – 가방 2. clothes – 옷 3. food – 음식 4. furniture – 가구 5. hobby – 취미
6. home – 집, 가정 7. Internet – 인터넷 8. movie – 영화 9. music – 음악
10. shoes – 신발, 구두 11. sport – 스포츠, 운동 12. telephone – 전화

Chapter 5

사회생활

□ school 스쿠울
　　n. 학교

□ academy 어캐더미
　　n. 학원, 학교, 학회

□ institute 인스터튜웃
　　n. 학원, 학회, 협회, 연구소

□ elementary school
엘러멘터리 스쿠울
= primary school
프라이메리 스쿠울
　　n. 초등학교

□ middle school
미들 스쿠울
= junior high school
쥬-니어 하이 스쿠울
　　n. 중학교

□ high school 하이 스쿠울
= senior high school
시-니어 하이 스쿠울
　　n. 고등학교

□ college 칼리쥐 n. 대학

□ university 유-너버-서티
　　n. 종합대학

□ enroll 인로울
　　v. 입학시키다, 등록하다

□ admission 앳미션
　　n. 입학 허가

□ graduate 그래쥬에잇
　　v. 졸업하다

□ graduation 그래쥬에이션
　　n. 졸업

180

□ study 스터디
  n. 공부 v. 공부하다

□ learn 러언
  v. 배우다

□ attend 어텐(ㄷ)
  v. 출석하다, 참가하다

□ attendence 어텐던(ㅆ)
  n. 출석, 참가

□ teach 티-취
  v. 가르치다

□ class 클래(ㅅ) n. 수업, 강의
= lecture 렉춰
= course 커-(ㅅ)
= lesson 레슨

□ student 스튜-든(ㅌ) n. 학생

□ schoolmate 스쿠울메잇
  n. 학우, 학교 친구, 동기

□ classmate 클래(ㅅ)메잇
  n. 급우, 반 친구

□ late 레잇
  a. 지각한

□ lateness 레잇니(ㅅ)
  n. 지각

□ teacher 티-춰 n. 교사, 선생

□ professor 프러페서 n. 교수

□ instructor 인스츠럭터 n. 강사
= lecturer 렉처러

□ classroom 클래(ㅅ)루움
  n. 교실

181

□ question 쿠에스천 n. 질문

□ ask 애슥 v. 묻다, 질문하다

□ answer 앤서
　　n. 대답 v. 대답하다

□ textbook 텍슷북
　　n. 교과서

□ notebook 노웃북
　　n. 공책

□ pencil 펜쓸
　　n. 연필

□ eraser 이레이서
　　n. 지우개

□ blackboard 블랙버-(ㄷ)
　　n. 칠판

□ chalk 처억 n. 분필

□ take notes 테익 노우(ㅊ)
　　필기하다

□ homework 호움워-(ㅋ) n. 숙제

□ assignment 어사인먼(ㅌ) n. 과제

□ report 리퍼-(ㅌ) n. 보고서, 리포트

□ submit 섭밋
　　v. 제출하다

□ **examination** 익재미네이션
　n. 시험

□ **result** 리절(ㅌ) n. 결과

□ **score** 스커– n. 점수

□ **easy** 이–지
　a. 쉬운

□ **difficult** 디피컬(ㅌ)
　a. 어려운

□ **pass** 패(ㅅ)
　v. (시험에) 합격하다

□ **fail** 페일
　v. (시험에) 불합격하다

□ **evaluate** 이밸류에잇
　v. 평가하다

□ **degree** 디그리–
　n. 학위

□ **scholarship** 스칼러쉽
　n. 장학금

□ **summer break** 서머 브레익
= **summer vacation** 서머 베이케이션
　n. 여름 방학

□ **winter break** 윈터 브레익
　n. 겨울 방학, 크리스마스 방학

□ school 스쿠울 n. 학교

　I usually walk to school.
　아이 유주얼리 워억 투 스쿠울
　보통 걸어서 등교한다.

□ elementary school 엘러멘터리 스쿠울 n. 초등학교
　= primary school 프라이메리 스쿠울

□ middle school 미들 스쿠울 n. 중학교
　= junior high school 쥬-니어 하이 스쿠울

□ high school 하이 스쿠울 n. 고등학교
　= senior high school 시-니어 하이 스쿠울

　tip. 미국의 초·중·고교는 12학년으로 되어 있어 K-12시스템이라고 합니다. 주마다 차이가 있으나
　일반적으로 Elementary school(5년)-Middle school(3년)-High school(4년), 혹은
　Elementary school(6년)-Junior high school(3년)-Senior high school(3년)로
　이뤄져 있습니다.

□ college 칼리쥐 n. 대학

□ university 유-너버-서티 n. 종합대학

□ major in 메이저 인 (~을) 전공하다, 전문으로 하다
　□ minor in 마이너 인 (~을) 부전공하다

　Nancy majored in business administration and got perfect grades.
　낸씨 메이저 딘 비즈니(ㅅ) 엇미니스츠레이션 앤(ㄷ) 갓 퍼-픽(ㅌ) 그레이(ㅈ)
　낸시는 경영학을 전공했는데 우수한 성적을 받았다.

□ academy 어캐더미 n. 학원, 학교, 학회　**tip.** 일반적으로 '학원'을 school이라고도 합니다.
　□ institute 인스터튜웃 n. 학원, 학회, 협회, 연구소

□ enroll 인로울 v. 입학시키다, 등록하다

　I enrolled my daughter in elementary school.
　아이 인로울(ㄷ) 마이 더-터 인 엘러멘터리 스쿠울
　딸을 초등학교에 입학시켰다.

□ **admission** 앳미션 n. 입학 허가
  □ **entrance exam** 인츠랜(ㅆ) 익잼 n. 입학 시험

□ **graduate** 그래쥬에잇 v. 졸업하다
  □ **graduation** 그래쥬에이션 n. 졸업

  When did you graduate from university?
  웬 디 쥬 그래쥬에잇 프럼 유-너버-서티?
  언제 대학을 졸업했어요?

□ **attend** 어텐(ㄷ) v. 출석하다, 참가하다
  □ **attendence** 어텐던(ㅆ) n. 출석, 참가

  Did he check the attendance?
  딧 히 첵 디 어텐던(ㅆ)?
  선생님이 출석 체크하셨어?

□ **absent** 앱선(ㅌ) a. 결석한
  □ **be absent from** 비- 앱선(ㅌ) 프럼 ~에 결석하다
  □ **absence** 앱선(ㅆ) n. 결석

□ **late** 레잇 a. 지각한
  □ **lateness** 레잇니(ㅅ) n. 지각
  □ **be late for** 비- 레잇 퍼 ~에 지각하다

  I'm sorry I'm late for class.   **tip.** '조퇴'는 early departure,
  아임 서-리 아임 레잇 퍼 클래(ㅅ)   '무단 조퇴'는 skip off라고 합니다.
  수업에 늦어서 죄송합니다.

□ **school bus** 스쿠울 버(ㅅ) n. 스쿨버스, 통학버스
  □ **school uniform** 스쿠울 유-너퍼엄 n. 교복

□ **study** 스터디 n. 공부 v. 공부하다

□ **teach** 티-취 v. 가르치다

□ **learn** 러언 v. 배우다
  □ **learning** 러-닝 n. 배움, 학습

□ **teacher** 티-춰 n. 교사, 선생

Our teacher gives us a lot of assignments.
아워 티-춰 기 버스 어 랏 어 버사인먼(츠)
우리 선생님은 숙제를 많이 내 주신다.

□ **professor** 프러페서 n. 교수 ●————→ **tip.** 미국 대학의 교수 체계는
   □ **instructor** 인스츠럭터 n. 강사   assistant professor(조교수),
   = **lecturer** 렉처러   associate professor(부교수),
                                (full) professor(정교수) 순입니다.

□ **student** 스튜-드(ㅌ) n. 학생   **tip.** student는 주로 고등학생과 대학생을 말하며,
   □ **pupil** 퓨-플 n. 학생, 제자   pupil은 주로 초·중학생을 말하는데, 예술 등 전문 분야와
                               관련된 개인 교습을 받는 제자를 의미하기도 합니다.

□ **schoolmate** 스쿨메잇 n. 학우, 학교 친구, 동기
   □ **classmate** 클래(ㅅ)메잇 n. 급우, 반 친구

□ **freshman** 프레쉬먼 n. (대학의) 신입생

A welcome party was held for freshmen at the student hall.
어 웰컴 파-티 워즈 헬(ㄷ) 퍼 프레쉬먼 앳 더 스튜-든(ㅌ) 허얼
신입생 환영 파티가 학생회관에서 열렸다.

  tip. 미국의 4년제 대학에서 학년을 말할 때, 1학년을 freshman, 2학년을 sophomore,
      3학년을 junior, 4학년을 senior라고 합니다.

□ **classroom** 클래(ㅅ)루움 n. 교실

□ **school year** 스쿠울 이어 n. 학년, 학년도

□ **semester** 시메스터 n. 학기

How many classes are you taking this semester?
하우 매니 클래시 사- 유 테이킹 디스 시메스터?   **tip.** '~을 수강하다'는
이번 학기에 몇 과목 들어?   'take+수업'으로 표현합니다.

□ **register** 레쥐스터 v. 수강 신청하다

Have you registered yet for your classes?
해 뷰 레쥐스터(ㄷ) 옛 퍼 유어 클래시(ㅅ)?
벌써 수강 신청했어?

□ curriculum 커리큘럼 n. 학교 교과 과정, 이수과정
    □ extra curricular 엑스츠러 커리큘러 (방과 후) 과외활동

□ class 클래(ㅅ) n. 수업, 강의 ●————————→ **tip.** class에는 '교실'이라는 뜻도 있습니다.
    = lecture 렉춰
    = course 커-(ㅅ)
    = lesson 레슨

    The classes are full today.
    더 클래시 사- 풀 터데이
    오늘은 수업이 꽉 찼어.

□ review 리뷰- n. 복습 v. 복습하다

□ prepare 프리페어 v. 예습하다
    □ preparation 프레퍼레이션 n. 예습 v. 예습하다
    = prep 프렙

□ question 쿠에스천 n. 질문

□ ask 애슥 v. 묻다, 질문하다

□ answer 앤서 n. 대답 v. 대답하다

□ calculate 캘큘레잇 v. 계산하다
    □ calculator 캘큘레이터 n. 계산기

    Calculate it with your cell phone calculator.
    캘큘레잇 잇 윗 유어 쎌 포운 캘큘레이터
    휴대전화로 계산해 보면 되지.

□ number 넘버 n. 수, 숫자

□ subject 섭직(ㅌ) n. 과목

    What's your favorite subject?
    왓 츄어 페이버릿 섭직(ㅌ)
    좋아하는 과목이 뭐예요?

□ English 잉글리쉬 n. 영어

□ literature 리터러춰 n. 문학

□ math 매(ㅆ) n. 수학

= mathematics 매써매틱(ㅅ)

□ science 사이언(ㅆ) n. 과학

□ chemistry 케미스츠리 n. 화학

□ physics 피직(ㅅ) n. 물리학

□ biology 바이알러지쉬 n. 생물학

□ astronomy 어스츠라너미 n. 천문학

□ social studies 소우셜 스터디(ㅅ) n. 사회

□ history 히스터리 n. 역사

□ geography 지아그러피 n. 지리학

□ geology 지알러쥐 n. 지질학

□ ethics 에씩(ㅅ) n. 윤리

□ music 뮤-직 n. 음악

□ art 아-(ㅌ) n. 미술

□ physical education 피지컬 에쥬케이션 n. 체육 ●——→ **tip.** 약자로 PE라고 하기도 합니다.

□ politics 팔러틱(ㅅ) n. 정치학

□ economics 이-커나-믹(ㅅ) n. 경제학

□ accounting 어카운팅 n. 회계학

□ humanities 휴-매너티(ㅅ) n. 인문학

□ psychology 사이칼러쥐 n. 심리학

□ philosophy 필라서피 n. 철학

Everybody should speak in English in this class.
에브리바디 슈(ㄷ) 스피익 인 잉글리쉬 인 디스 클래(ㅅ)
이 수업에서는 모두 영어로 말해야 합니다.

He failed physics.
히 페일(ㄷ) 피직(ㅅ)
그는 물리학이 낙제였다.

□ textbook 텍슷북 n. 교과서

□ notebook 노웃북 n. 공책　　tip. 우리말과 다른 뜻으로 쓰이는 note(메모), notebook(공책), laptop computer(노트북 컴퓨터)를 구분하세요.

□ schoolbag 스쿠울백 n. 책가방

□ pencil 펜쓸 n. 연필
　　□ ball-point pen 버얼퍼인(ㅌ) 펜 n. 볼펜
　　□ fountain pen 파운턴 펜 n. 만년필

□ eraser 이레이서 n. 지우개
　　□ correction fluid 커렉션 플루-잇 n. 수정액

tip. 수정액은 correction fluid보다 대표적인 상표명인 Witeout(미), Tippex(영)를 더 많이 사용합니다.

□ blackboard 블랙버-(ㄷ) n. 칠판(분필을 사용하는 녹색 칠판)
　　□ whiteboard 화잇버-(ㄷ) n. 백색 칠판

□ chalk 처억 n. 분필, 백묵
　　□ chalk eraser 처억 이레이서 n. 칠판지우개

□ take notes 테익 노우(ㅊ) 필기하다

He takes notes very neatly.
히 테익(ㅅ) 노우(ㅊ) 베리 니잇리
걔는 필기를 정말 잘해.

□ homework 호움워-(ㅋ) n. 숙제　　tip. '숙제를 하다'라고 할 때는 do homework라고 합니다.

□ assignment 어사인먼(ㅌ) n. 과제

□ report 리퍼-(ㅌ) n. 보고서, 리포트

□ submit 섭밋 v. 제출하다　　tip. '제출하다'의 뜻으로 숙어 hand in, turn in도 자주 사용합니다.

□ examination 익재미네이션 n. 시험　tip. '시험을 치르다'라고 할 때는 동사 take를 사용합니다.
　　= exam 익잼
　　= test 테슷

□ quiz 쿠이(ㅈ) n. 간단한 시험 v. 간단한 질문을 하다

☐ **pass** 패(ㅅ) v. (시험에) 합격하다

He just managed to pass the examination.
히 저슷 매니쥐(ㄷ) 투 패(ㅅ) 디 익재미네이션
그는 겨우 시험에 합격했다.

☐ **fail** 페일 v. (시험에) 불합격하다

☐ **cheat** 치잇 v. 커닝하다

☐ **easy** 이-지 a. 쉬운

☐ **difficult** 디피컬(ㅌ) a. 어려운

☐ **result** 리절(ㅌ) n. 결과

☐ **score** 스커- n. 점수
    ☐ **credit** 크레딧 n. 학점
    ☐ **grade** 그레이(ㄷ) n. 성적 •⟶ **tip.** grade는 '학년'이라는 의미도 있습니다.
    = **achievement** 어취(ㅂ)먼(ㅌ)

I got good grades in the final exam.
아이 갓 굿 그레이 진 더 파이늘 익잼
나는 기말고사에서 좋은 성적을 받았어.

☐ **average** 애버리쥐 n. 평균

☐ **evaluate** 이밸류에잇 v. 평가하다

☐ **degree** 디그리- n. 학위
    ☐ **Associate degree** 어소우씨에잇 디그리- n. 준학사 학위
    ☐ **Bachelor degree** 베철러 디그리- n. 학사 학위
    ☐ **Master's degree** 매스터(ㅅ) 디그리- n. 석사 학위
    ☐ **Ph.D.** 피-에이취 디- n. 박사 학위(Doctor of Philosophy의 약자)
    = **Doctorate** 닥터럿

tip. Associate degree는 college(2년제 대학) 졸업 시,
Bachelor degree는 university(4년제 대학) 졸업 시 받는 학위입니다.

☐ scholarship 스칼러쉽 n. 장학금

☐ break 브레익 n. 휴식 시간, 쉬는 시간
    ☐ vacation 베이케이션 n. 방학
    ☐ summer break 서머 브레익 n. 여름 방학
    = summer vacation 서머 베이케이션
    ☐ winter break 윈터 브레익 n. 겨울 방학, 크리스마스 방학

> **tip.** 미국 학교의 겨울 방학은
> 크리스마스 전후로 2주가량 됩니다.

☐ after school 애(ㅍ)터 스쿠울 방과 후
    = after class 애(ㅍ)터 클래(ㅅ)

Do you have any plans after school?
두 유 해 배니 플랜 새(ㅍ)터 스쿠울?
학교 끝나고 뭐 해?

☐ picnic 픽닉 n. 소풍

☐ library 라입레리 n. 도서관

꼭! 써먹는 **실전 회화**

15. 시험 결과

Nick   I didn't do very well in the exam.
            아이 디든(ㅌ) 두 베리 웰 인 디 익잼
            시험을 완전히 망쳤어.

Luke   Neither do I. The test result wasn't satisfying.
            니-더 두 아이. 더 테슷 리절(ㅌ) 워즌(ㅌ) 새티스파잉
            나도 그래. 시험 결과가 만족스럽지 않아.

Nick   I'll study more on the final exam.
            아일 스터디 머- 언 더 파이널 익잼
            기말고사에는 더 많이 공부할 거야.

Luke   Let's study hard!
            렛(ㅊ) 스터디 하-(ㄷ)!
            우리 열심히 공부하자!

□ work 워-(ㅋ)
  n. 일, 직업, 직장
  v. 일하다

□ job 잡
= profession 프러페션
  n. 직업

□ company 컴퍼니
  n. 회사

□ office 어-피(ㅆ)
  n. 사무실

□ employee 임플라이-
  n. 고용인, 사원, 직원

□ employer
  임플러이어
  n. 고용주, 사장

□ go to work 고우 투 워-(ㅋ)
= get to work 겟 투 워-(ㅋ)
= punch in 펀취 인
  출근하다

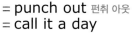
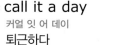

□ get off work
  겟 어-(ㅍ) 워-(ㅋ)
= punch out 펀취 아웃
= call it a day
  커얼 잇 어 데이
  퇴근하다

□ salary 샐러리
  n. 봉급

□ wage 웨이쥐
  n. 임금

□ document 다큐먼(ㅌ)
  n. 문서, 서류

□ meeting 미-팅
= conference 칸퍼런(ㅆ)
  n. 회의

□ presentation
  프레젠테이션
  n. 발표, 프레젠테이션

192

□ **retire** 리타이어
   v. 퇴직하다, 은퇴하다

□ **resign** 리자인
   v. 사직하다, 사퇴하다

□ **dismiss** 디스미(ㅅ)
= **fire** 파이어
   v. 해고하다

□ **get fired** 겟 파이어(ㄷ)
해고되다

□ **vacation** 베이케이션
= **holiday** 할러데이
   n. 휴가

□ **parental leave** 퍼렌틀 리-(ㅂ)
(부모의) 출산 휴가

□ **job-hunting** 잡헌팅
   n. 구직

□ **recruitment** 리크루웃먼(ㅌ)
   n. (신입사원) 모집

□ **resume** 레저메이
   n. 이력서

□ **profile** 프로우파일
   n. 프로필

□ **career** 커리어
   n. 경력

□ **academic career** 애커데믹 커리어
학력

□ **interview** 인터뷰-
   n. 면접 v. 면접하다

□ police officer
펄리-(ㅆ) 어-피써
n. 경찰관

□ fire fighter
파이어 파이터
n. 소방관

□ teacher 티-춰
n. 교사, 선생

□ mail carrier
메일 캐리어
n. 우편배달부

□ reporter 리퍼-터
n. 기자

□ secretary 세크러테리
n. 비서

□ designer 디자이너
n. 디자이너

□ photographer
퍼타그러퍼
n. 사진작가

□ politician 팔리티션
n. 정치인

□ doctor 닥터
n. 의사

□ veterinarian
베터러네어리언
n. 수의사

□ nurse 너-(ㅅ)
n. 간호사

□ pharmacist 파-머씨슷
n. 약사

□ architect 아-커텍(ㅌ)
n. 건축가

□ engineer 엔지니(ㄹ)
n. 엔지니어

□ plumber 플러머
n. 배관공

□ cook 쿡 n. 요리사

□ chef 쉐(ㅍ)
n. 요리사, 주방장

□ baker 베이커
n. 제빵업자

□ waiter 웨이터
n. 종업원, 웨이터

□ waitress 웨이츠리(ㅅ)
n. 여자 종업원

□ hairdresser 헤어드레서
n. 미용사, 헤어 디자이너

□ florist 플러-리슷
n. 꽃집 주인, 플로리스트

□ farmer 파-머
n. 농부

□ fisherman 피셔먼
n. 어부

195

☐ **work** 워-(ㅋ) n. 일, 직업, 직장 v. 일하다

Who do you work for?
후 두 유 워-(ㅋ) 퍼
누구와 일하세요?

☐ **job** 잡 n. 직업

= **profession** 프러페션 ⟶ **tip.** profession은 job보다 전문적인 직업에 사용합니다.

It is a very challenging job.
잇 이즈 어 베리 챌린징 잡
힘든 직업이에요.

☐ **task** 태스ㅋ n. 업무

The task exceeds his ability.
더 태스ㅋ 익씨-(ㅈ) 히스 어빌리티
그 업무는 그의 능력 밖이에요.

☐ **workaholic** 워-커헐-릭 n. 일 중독자

☐ **company** 컴퍼니 n. 회사

☐ **office** 어-피(ㅆ) n. 사무실

☐ **department** 디파-(ㅌ)먼(ㅌ) n. 부서
    ☐ **general affairs department** 제너럴 어페어(ㅅ) 디파-(ㅌ)먼(ㅌ) 총무부
    ☐ **finance department** 파이낸(ㅆ) 디파-(ㅌ)먼(ㅌ) 경리부, 재무부
    ☐ **marketing department** 마-키팅 디파-(ㅌ)먼(ㅌ) 마케팅부
    ☐ **HR department** 에이취아알 디파-(ㅌ)먼(ㅌ) 인사부
    = **personnel department** 퍼-스널 디파-(ㅌ)먼(ㅌ)
    tip. HR은 human resources의 약자입니다.

    ☐ **sales department** 세일(ㅈ) 디파-(ㅌ)먼(ㅌ) 영업부
    ☐ **R&D department** 아알앤(ㄷ)디- 디파-(ㅌ)먼(ㅌ) 연구개발부
    tip. R&D는 research and development의 약자입니다.

    ☐ **production department** 프러덕션 디파-(ㅌ)먼(ㅌ) 생산부

□ purchasing department 퍼-처싱 디파-(트)먼(트) 구매부
□ PR department 피-아알 디파-(트)먼(트) 홍보부 ↪ **tip.** PR은 public relations의 약자입니다.
□ shipping department 쉬삥 디파-(트)먼(트) 운송부
□ customer service department 커스터머 서-비(씨) 디파-(트)먼(트)
　고객 서비스부
□ editorial department 에디터-리얼 디파-(트)먼(트) 편집부

Hello. AB Company, the sales department, Samuel speaking.
헬로우. 에이비- 컴패니, 더 세일(즈) 디파-(트)먼(트), 새뮤얼 스피-킹
안녕하세요. AB사 영업부의 사무엘입니다.

□ **document** 다큐먼(트) n. 문서, 서류

□ **meeting** 미-팅 n. 회의
　= conference 칸퍼런(쓰)
　□ weekly meeting 위-클리 미-팅 주간 회의
　□ monthly meeting 먼쓸리 미-팅 월간 회의
　□ meeting room 미-팅 루움 회의실
　= conference room 칸퍼런(쓰) 루움

I'm calling to confirm the meeting for tomorrow.
아임 커-링 투 컨퍼엄 더 미-팅 퍼 터머-로우
내일 회의 확인하려고 전화했어요.

□ **presentation** 프레전테이션 n. 발표, 프레젠테이션

Are you ready for today's presentation?
아- 유 레디 퍼 터데이(스) 프레젠테이션
오늘 프레젠테이션 준비 다 되었나요?

□ **agenda** 어젠더 n. 안건

Let's see what's next on our agenda.
렛(츠) 시- 왓(츠) 넥슷 언 아워 어젠더
다음 안건이 뭔지 봅시다.

□ **co-worker** 코우워-커 n. 동료

□ **position** 퍼지션 n. 직위

197

□ **chairman** 체어먼 n. 회장　　**tip.** chairman은 '회의를 진행하는 사람'에서 유래한 단어로
　　　　　　　　　　　　　　　　요즘에는 성차별적인 요소를 없애서 **chairperson**이라고 합니다.

□ **CEO** 씨-이-오우 최고 경영자 ●───────→　**tip.** chief executive officer의 약자입니다.

□ **president** 프레저던(트) n. 사장
　　□ **vice-president** 바이(씨)프레저던(트) n. 부사장
　　□ **director** 디렉터 n. 이사, 최고 책임자 ●─　**tip.** director는 최고 책임자로,
　　　　　　　　　　　　　　　　　　　　　　뒤에 각각의 부서명이 붙기도 합니다.
　　□ **manager** 매니줘 n. 부장, 국장, 관리자

□ **boss** 버-(ㅅ) n. 상사
　　□ **leader** 리-더 n. 지도자, 리더

　　I'm going with my boss.
　　아임 고우잉 윗 마이 버-(ㅅ)
　　상사와 함께 갑니다.

□ **promote** 프러모웃 v. 승진하다
　　□ **promotion** 프러모우션 n. 승진

　　You deserve a promotion.
　　유 디저- 버 프러모우션
　　당신은 승진할 만하죠.

□ **salary** 샐러리 n. 봉급
　　□ **monthly salary** 먼쓸리 샐러리 월급
　　□ **annual salary** 애뉴얼 샐러리 연봉
　　□ **get a salary** 겟 어 샐러리 급여를 받다

　　It's difficult to survive on my salary.
　　잇(ㅊ) 디피컬(트) 투 서바이 번 마이 샐러리
　　내 월급으로 생활하기 빠듯하다.

□ **wage** 웨이쥐 n. 임금 ●───────→　**tip.** wage는 주로 시간당 임금을 나타냅니다.
　　□ **gross wages** 그로우(ㅅ) 웨이쥐(ㅅ) 총 급여
　　□ **net wages** 넷 웨이쥐(ㅅ) 실수령 급여
　　□ **basic wage** 베이식 웨이쥐 기본급
　　□ **minimum wage** 미니멈 웨이쥐 최저 임금

□ allowance 얼라우언(ㅆ) n. 수당

    □ travel allowance 츠래블 얼라우언(ㅆ) 출장 수당

    □ overtime allowance 오우버타임 얼라우언(ㅆ) 야근 수당

    □ family allowance 패멀리 얼라우언(ㅆ) 가족 수당

    □ bonus 보우너(ㅅ) n. 상여금, 보너스

□ benefit 베너핏 n. 수당, 혜택

    □ medical benefits 메디컬 베너핏(ㅊ) 의료 수당

    □ unemployment benefits 언임플러이먼(ㅌ) 베너핏(ㅊ) 실업 수당

Salary and benefits are negotiable.
샐러리 앤(ㄷ) 베너핏 차― 니고우셔블
급여 및 수당은 조정 가능합니다.

I claimed unemployment benefits.
아이 클레임 던임플로이먼(ㅌ) 베너핏(ㅊ)
나는 실업 수당을 청구했다.

□ paycheck 페이첵 n. 급여, 급여 지불 수표   **tip.** 미국에서 급여를 수표로 지불하는 데서
                                                  나온 말입니다.

    □ pay slip 페이 슬립 n. 급여명세표

    □ payroll 페이로울 n. 임금 대장, 임금 지급 총액

    □ pay raise 페이 레이(ㅈ) 임금 인상

    □ pay cut 페이 컷 임금 삭감

    □ wage freeze 웨이쥐 프리―(ㅈ) 임금 동결

□ deduct 디덕(ㅌ) v. 공제하다

    □ deduction 디덕션 n. 공제

    □ total deductions 토우틀 디덕션(ㅅ) 총공제액

Taxes are deducted from my salary.
택시 자― 디덕팃 프럼 마이 샐러리
세금은 매달 내 월급에서 공제됩니다.

□ tax 택(ㅅ) n. 세금

    □ state tax 스테잇 택(ㅅ) 주세

    □ federal tax 페더럴 택(ㅅ) 연방세

□ employment insurance 임플러이먼(트) 인슈어런(ㅆ) 고용보험

　□ health insurance 헬쓰 인슈어런(ㅆ) 건강보험

　Do you have health insurance?
　두 유 해(ㅂ) 헬쓰 인슈어런(ㅆ)
　건강보험이 있나요?

□ go to work 고우 투 워–(ㅋ) 출근하다

　= get to work 겟 투 워–(ㅋ)

　= punch in 펀취 인 ————————→ **tip.** punch in은 출근 카드에 시간을 찍어
　　　　　　　　　　　　　　　　　　　출근했음을 표시하는 데서 유래한 말입니다.

　I have to get to work by 8 o'clock.
　아이 해(ㅂ) 투 겟 투 워–(ㅋ) 바이 에잇 어클락
　8시까지 출근해야 합니다.

□ carpool 카–푸울 n. 카풀, 승용차 함께 타기 v. 카풀을 하다

　= ride-share 라이(ㄷ)셰어

□ get off work 겟 어–(ㅍ) 워–(ㅋ) 퇴근하다

　= punch out 펀취 아웃

　= call it a day 커얼 잇 어 데이

　Brad got off work early.
　브랫 갓 어–(ㅍ) 워–(ㅋ) 어–리
　브래드는 일찍 퇴근했다.

□ pension 펜션 n. 연금

　□ pensioner 펜셔너 n. 연금 생활자

　□ pension fund 펜션 편(ㄷ) 연금 기금

□ retire 리타이어 v. 퇴직하다, 은퇴하다 ⟶ **tip.** 정년퇴직에는 retire를,
　　　　　　　　　　　　　　　　　　　　임기 도중에 사직할 때는 resign을 씁니다.

　□ retirement 리타이어먼(트) n. 퇴직, 은퇴

　□ retiree 리타이어리– n. 퇴직자, 은퇴자

　□ retirement allowance 리타이어먼(트) 얼라우언(ㅆ) 퇴직금

□ resign 리자인 v. 사직하다, 사퇴하다

　□ resignation 레직네이션 n. 사임, 사퇴

　□ voluntary resignation 바알런테리 레직네이션 명예퇴직, 희망퇴직

☐ **dismiss** 디스미(ㅅ) v. 해고하다

= **fire** 파이어

He dismissed me without any good reason.
히 디스미숫 미 위다웃 애니 굿 리-즌
그는 타당한 이유 없이 나를 해고했다.

☐ **get fired** 겟 파이어(ㄷ) 해고되다

Sam got fired.
샘 갓 파이어(ㄷ)
샘이 해고됐어.

☐ **restructuring** 리-스츠럭처링 n. 구조 조정

☐ **strike** 스츠라익 n. 파업

☐ **layoff** 레이어(ㅍ) n. (불경기로 인한) 임시 휴직, 일시 해고

tip. layoff는 주로 영국에서 쓰는 말인데,
미국에서는 '실업 중인 배우'를 뜻하는 속어이기도 합니다.

☐ **vacation** 베이케이션 n. 휴가

= **holiday** 할러데이

Jack is away on vacation.
잭 이즈 어웨이 언 베이케이션
잭은 휴가 중이다.

tip. leave는 직장에서 질병이나 출산 등을 위해 신청하는
휴가를 가리킵니다. 학교 등의 휴가는 vacation이나
holiday라고 합니다.

☐ **leave** 리-(ㅂ) n. 휴가

  ☐ **paid leave** 페잇 리-(ㅂ) 유급 휴가

  ☐ **parental leave** 퍼렌틀 리-(ㅂ) (부모의) 출산 휴가

  ☐ **paternity leave** 퍼터-너티 리-(ㅂ) (남성의) 출산 휴가

  ☐ **maternity leave** 머터-너티 리-(ㅂ) (여성의) 출산 휴가

  ☐ **sick leave** 식 리-(ㅂ) 병가

Rick is on sick leave.
릭 이즈 언 식 리-(ㅂ)
릭은 병가를 냈어요.

Nancy is on maternity leave.
낸씨 이즈 언 머터-너티 리-(ㅂ)
낸시는 출산 휴가 중이에요.

□ salesperson 세일즈퍼-슨 n. 판매원

□ merchant 머-천(ㅌ) n. 상인, 무역상

□ programmer 프로우그래머 n. 프로그래머

□ lawyer 러-이어 n. 변호사

□ judge 저쥐 n. 판사, 재판관

□ accountant 어카운턴(ㅌ) n. 회계사

□ police officer 펄리-(ㅆ) 어-피써 n. 경찰관

□ fire fighter 파이어 파이터 n. 소방관

□ teacher 티-춰 n. 교사, 선생

□ mail carrier 메일 캐리어 n. 우편배달부

tip. 우편배달부는 일반적으로 postman이나 mailman을 사용하지만, 성차별적 요소를 없애기 위해 mail carrier를 사용합니다.

□ librarian 라입레리언 n. 사서, 도서관원

The librarian was putting books on the shelves.
더 라입레리언 워즈 푸딩 북 선 더 쉘브(ㅅ)
사서가 책꽂이에 책을 꽂고 있었다.

□ reporter 리퍼-터 n. 기자

□ secretary 세크러테리 n. 비서

□ designer 디자이너 n. 디자이너

□ editor 에디터 n. 편집자

□ photographer 퍼타그러퍼 n. 사진작가

□ politician 팔리티션 n. 정치인

□ doctor 닥터 n. 의사

□ veterinarian 베터러네어리언 n. 수의사 ————→ **tip.** 줄여서 vet이라고도 합니다.

  Did you take your puppy to the vet?
  디 쥬 테익 유어 퍼삐 투 더 벳?
  네 강아지를 수의사한테 데리고 가봤니?

□ dentist 덴티슷 n. 치과의사

□ nurse 너-(ㅅ) n. 간호사

□ pharmacist 파-머씨슷 n. 약사

□ architect 아-커텍(ㅌ) n. 건축가

□ engineer 엔지니(ㄹ) n. 엔지니어

□ plumber 플러머 n. 배관공

□ mechanic 머캐닉 n. 정비공

□ cook 쿡 n. 요리사 ————————→ **tip.** cook은 성별 상관없이 쓰고,
  □ chef 쉐(ㅍ) n. 요리사, 주방장   chef는 남자에게만 씁니다.

□ baker 베이커 n. 제빵업자

□ waiter 웨이터 n. 종업원, 웨이터 ————→ **tip.** 종업원은 성차별을 피한 표현으로
  □ waitress 웨이츠리(ㅅ) n. 여자 종업원   server, attendant,
                                        waitperson을 쓰기도 합니다.

□ priest 프리-슷 n. 신부, 승려

  I confessed to the priest.
  아이 컨페슷 투 더 프리-슷
  나는 신부님께 고해성사를 했어.

□ pastor 패스터 n. 목사

□ Buddhist monk 부-디슷 멍(ㅋ) 스님, 승려

□ **hairdresser** 헤어드레서 n. 미용사, 헤어 디자이너

□ **beautician** 뷰-티션 n. 미용사, 피부미용사

□ **florist** 플러-리슷 n. 꽃집 주인, 플로리스트

□ **farmer** 파-머 n. 농부

□ **fisherman** 피셔먼 n. 어부 ⟶ **tip.** 일반적으로 어업에 종사하는 사람을 가리킵니다. 여성은 **fisherwoman**이라고 합니다.

□ **employ** 임플러이 v. 고용하다
    = **hire** 하이어

□ **employment** 임플러이먼(ㅌ) n. 고용
    □ **employment exam** 임플러이먼(ㅌ) 이잼 입사 시험

□ **employer** 임플러이어 n. 고용주, 사장

□ **employee** 임플러이- n. 고용인, 사원, 직원
    □ **new employee** 누- 임플러이- 신입사원

    Employees have to work overtime to fill all the orders.
    임플러이-(ㅅ) 해(ㅂ) 투 워- 코우버타임 투 필 어얼 디 어-더(ㅅ)
    주문받은 것을 모두 납품하기 위해 직원들은 야근해야 한다.

□ **job-hunting** 잡헌팅 n. 구직

    He's job-hunting these days.
    히(ㅈ) 잡헌팅 디-즈 데이(ㅈ)
    그는 요즘 일자리를 알아보는 중이야.

□ **recruitment** 리크루웃먼(ㅌ) n. (신입사원) 모집

□ **apply** 어플라이 v. 지원하다

    I want to apply for this position.
    아이 원(ㅌ) 투 어플라이 퍼 디스 퍼지션
    이 자리에 지원하고 싶은데요.

□ interview 인터뷰- n. 면접 v. 면접하다

When will you have interviews?
웬 월 유 해 빈터뷰-(ㅅ)
언제 면접을 봅니까?

□ resume 레저메이 n. 이력서

Send your resume by e-mail.
센 쥬어 레저메이 바이 이-메일
이력서는 이메일로 보내 주세요.

□ profile 프로우파일 n. 프로필

□ career 커리어 n. 경력

□ academic career 애커데믹 커리어 학력

꼭! 써먹는 **실전 회화**

16. 보너스

Mary	I got a Christmas bonus! 아이 갓 어 크리(ㅅ)머(ㅅ) 보우너(ㅅ)! 크리스마스 보너스를 받았어!
Tom	That's good! I envy you. 댓(ㅊ) 굿! 아이 엔비 유 잘됐다! 부럽네.
Mary	How about you? 하우 어바웃 유? 넌 어때?
Tom	Not this year. My boss cancelled my bonus. 낫 디스 이어. 마이 버-(ㅅ) 캔쓸(ㄷ) 마이 보우너(ㅅ) 올해는 없어. 우리 사장님이 보너스를 취소했거든.

205

음식점&카페 Restaurants & Cafés 레스터런 챈(ㄷ) 캐페이(ㅅ)

☐ restaurant 레스터런(ㅌ)
　　n. 음식점, 식당

☐ café 캐페이
= coffee shop 커-피 샵
= coffee house 커-피 하우(ㅅ)
　　n. 카페, 커피숍

☐ menu 메뉴-
　　n. 차림표, 식단, 메뉴

☐ dish 디쉬
　　n. 요리; 접시

☐ appetizer 애피타이저
　　n. 전채, 애피타이저

☐ main dish 메인 디쉬
　　n. 메인 요리

☐ side dish 사이(ㄷ) 디쉬
　　n. 곁들이는 요리

☐ dessert 디저-(ㅌ)
　　n. 디저트

☐ reserve 리저-(ㅂ)
　　v. 예약하다

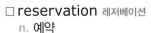

☐ reservation 레저베이션
　　n. 예약

☐ recommend
레커멘(ㄷ)
　　v. 추천하다

☐ order 어-더
　　v. 주문하다

206

□ ingredient 인그리-디언(트)
n. 음식 재료

□ steak 스테익
n. 스테이크

□ sirloin 서얼러인
n. 등심

□ rib 립
n. 갈비

□ sausage 서-시쥐
n. 소시지

□ fried potato
프라잇 퍼테이토우
감자튀김

□ soup 수웁
n. 국, 수프

□ puree 퓨어레이
n. 퓨레

□ salad 샐럿
n. 샐러드

□ seafood 시-푸웃
n. 해산물

□ lobster 랍스터
n. 바닷가재, 랍스터

□ shellfish 쉘피쉬
n. 조개류, 갑각류

□ oyster 어이스터
n. 굴

□ mussel 머설
n. 홍합

□ mushroom 머쉬루움
n. 버섯

207

□ ice cream
아이(ㅆ) 크리임
아이스크림

□ cheese 치-(ㅈ)
n. 치즈

□ candy 캔디
n. 사탕

□ bread 브렛
n. 빵

□ baguette 배겟
n. 바게트

□ croissant 크러사앙(ㅌ)
n. 크루아상

□ cake 케익
n. 케이크

□ cookie 쿠키
n. 쿠키

□ biscuit 비스킷
n. 소형 빵, 비스킷

□ beverage 베버리쥐
n. 음료, 마실 것

□ coffee 커-피
n. 커피

□ tea 티- n. 차

□ black tea 블랙 티-
n. 홍차

□ juice 쥬-(ㅆ)
n. 주스

□ soda 소우더
n. 탄산음료

□ alcohol 앨커허얼
n. 술

☐ teacup 티-컵
　 n. 찻잔

☐ glass 글래(ㅅ)
　 n. (유리)컵

☐ straw 스트러-
　 n. 빨대

☐ bill 빌
　 n. 계산서

☐ napkin 냅킨
　 n. 냅킨

☐ fork 퍼-(ㅋ)
　 n. 포크

☐ spoon 스푸운
　 n. 숟가락

☐ teaspoon 티-스푸운
　 n. 찻숟가락, 티스푼

☐ chopsticks 찹스틱(ㅅ)
　 n. 젓가락

☐ taste 테이슷
　 n. 맛 v. 맛보다, 맛이 나다

☐ salty 서얼티
　 a. 짠

☐ sweet 스위잇
　 a. 달콤한, 단

☐ spicy 스파이씨 a. 매운
= hot 핫

☐ sour 사우어
　 a. 신

☐ bitter 비더
　 a. 쓴

□ restaurant 레스터런(ㅌ) n. 음식점, 식당

Is there a good restaurant around here?
이즈 데어 어 굿 레스터런(ㅌ) 어라운(ㄷ) 히어?
이 근처에 맛있게 하는 음식점 있나요?

□ café 캐페이 n. 카페, 커피숍
= coffee shop 커-피 샵
= coffee house 커-피 하우(ㅅ)

□ menu 메뉴- n. 차림표, 식단, 메뉴

Can I see the menu, please?
캔 아이 시- 더 메뉴-, 플리-(ㅈ)?
메뉴 좀 볼 수 있을까요?

□ dish 디쉬 n. 요리; 접시

Which dish is quick and easy to prepare?
위취 디쉬 이즈 쿠익 앤(ㄷ) 이-지 투 프리패어?
쉽고 빠르게 준비할 수 있는 요리는 뭔가요?

□ specialty 스페셜티 n. 특선 메뉴

□ appetizer 애피타이저 n. 전채, 애피타이저

□ main dish 메인 디쉬 n. 메인 요리

□ side dish 사이(ㄷ) 디쉬 n. 곁들이는 요리

□ dessert 디저-(ㅌ) n. 디저트

□ reserve 리저-(ㅂ) v. 예약하다
    □ reservation 레저베이션 n. 예약

Do we need a reservation?
두 위 니잇 어 레저베이션?
예약이 필요한가요?

□ **recommend** 레커멘(ㄷ) v. 추천하다

What would you recommend?
왓 우 쥬 레커멘(ㄷ)?
오늘의 추천 메뉴는 무엇인가요?

□ **order** 어–더 v. 주문하다

Are you ready to order?
아– 유 레디 투 어–더?
주문을 받아도 될까요?

□ **choose** 추–(ㅈ) v. 선택하다

□ **take away** 테익 어웨이 가지고 가다

> **tip.** 패스트푸드점 등에서 포장할지를 묻는 점원의 질문은
> Eat here or take away? 혹은
> For here or to go?입니다.

□ **ingredient** 인그리–디언(ㅌ) n. 음식 재료

□ **steak** 스테익 n. 스테이크
  □ **rare** 레어 a. 덜 익은
  □ **medium** 미–디엄 a. 중간으로 익은
  □ **well-done** 웰던 a. 완전히 익은

> **tip.** 스테이크 익힘의 정도는
> bloody rare → rare →
> medium rare → medium →
> medium well → well-done →
> very well-done → burnt 순입니다.

Well-done, please.
웰던, 플리–(ㅈ)
완전히 익혀 주세요.

□ **sirloin** 서얼러인 n. 등심

□ **tenderloin** 텐더러인 n. 안심

□ **rib** 립 n. 갈비

□ **sausage** 서–시쥐 n. 소시지

□ **fried potato** 프라잇 퍼테이토우 감자튀김

□ **soup** 수웁 n. 국, 수프

> **tip.** 우리가 패스트푸드점에서 흔히 먹는 French fries는
> 프랑스식 감자튀김으로 감자를 얇게 썰어서 튀긴 것을 말합니다.

□ **cream** 크리임 n. 크림

With sugar and cream, please.
윗 슈거 앤(ㄷ) 크리임, 플리-(ㅈ)
설탕과 크림을 넣어 주세요.

□ **puree** 퓨어레이 n. 퓨레 ────→ **tip.** 채소나 과일을 조려서 체로 거른 것을 말합니다.

□ **salad** 샐럿 n. 샐러드

That comes with a soup or salad. Which would you like?
댓 컴(ㅅ) 윗 어 수웁 어 샐럿. 위취 우 슈 라익?
스프나 샐러드가 함께 나옵니다. 어느 것으로 드릴까요?

□ **seafood** 시-푸웃 n. 해산물 ────→ **tip.** seafood은 해산물 중에서
주로 조개류와 갑각류를 가리킵니다.

□ **lobster** 랍스터 n. 바닷가재, 랍스터

We specialize in lobsters.
위 스페셜라이 진 랍스터(ㅅ)
저희는 가재 요리를 전문으로 하고 있습니다.

□ **shellfish** 쉘피쉬 n. 조개류, 갑각류

□ **clam** 클램 n. 조개, 대합

□ **oyster** 어이스터 n. 굴 ─→ **tip.** oyster는 과묵한 사람을 뜻하기도 합니다.
dumb as an oyster라고 하면 '꿀먹은 벙어리'란 의미입니다.

□ **mussel** 머설 n. 홍합

□ **mushroom** 머쉬루움 n. 버섯 ─→ **tip.** mushroom은 우리가 먹는 식용버섯을 의미하며,
독버섯은 toadstool라고 합니다.

□ **champignon** 샘피뇬 n. 양송이 버섯 ─→ **tip.** champignon은 유럽 원산의 송이과
버섯으로 샴피뇽 버섯이라고도 하며,
보통 송이 버섯을 말할 때는 mushroom
□ **truffle** 트러플 n. 송로 버섯   혹은 button mushroom이라고 합니다.

□ **snail** 스네일 n. 달팽이

□ **foie gras** 프와- 그라- 푸아그라 ─→ **tip.** 살찌운 거위나 집오리의 간을 이용한 음식입니다.

□ **yogurt** 요우겉 n. 요거트(요구르트)

□ **ice cream** 아이(ㅆ) 크리임 아이스크림

> I will have some ice cream for dessert.
> 아이 윌 해(ㅂ) 섬 아이(ㅆ) 크리임 퍼 디저-(트)
> 디저트는 아이스크림으로 할게요.

□ **cheese** 치-(ㅈ) n. 치즈

> Does the burger come with cheese?
> 더즈 더 버거 컴 윗 치-(ㅈ)?
> 버거에 치즈가 들어가나요?

□ **chocolate** 처-컬럿 n. 초콜릿

□ **candy** 캔디 n. 사탕

□ **bread** 브렛 n. 빵
   □ **garlic bread** 갈-릭 브렛 마늘빵
   □ **baguette** 배겟 n. 바게트
   □ **croissant** 크러사앙(ㅌ) n. 크루아상

> tip. bread는 빵을 통칭하는 말이지만, 보통 우리가 먹는 식빵도 bread라고 합니다. 색깔에 따라 표백한 밀가루로 만든 white bread, 통밀빵처럼 당밀을 넣어 찐 brown bread, 거친 호밀로 만든 약간 시큼한 맛의 black bread로 나뉩니다.

> Which would you prefer, bread or rice?
> 위취 우 쥬 프리퍼-, 브렛 어 라이(ㅆ)?
> 밥과 빵 중 어느 것으로 하시겠어요?

□ **cake** 케익 n. 케이크
   □ **pancake** 팬케익 n. 팬케이크
   □ **sponge cake** 스펀쥐 케익 스펀지 케이크, 카스텔라

> tip. hot cake라고도 하지만 pancake가 일반적입니다.

> tip. 카스텔라는 포르투갈어인 castella에서 온 말입니다.

> We stuck candles on the birthday cake.
> 위 스틱 캔들 선 더 버-쓰데이 케익
> 우리는 생일 케이크에 초를 꽂았다.

□ **cookie** 쿠키 n. 쿠키

□ **biscuit** 비스킷 n. 소형 빵, 비스킷

□ beverage 베버리쥐 n. 음료, 마실 것

□ coffee 커-피 n. 커피
    □ decaffeinated coffee 디-캐퍼네이팃 커-피 카페인 없는 커피
    = decaf 디-캐(ㅍ)
    = caffeine-free coffee 캐페인-프리- 커-피
    □ espresso 에스프레소우 n. 에스프레소   **tip.** 까맣게 볶은 커피콩에 증기를 쐬어 만드는 진한 커피입니다.
    □ café latte 캐페이 래-테이 카페라떼
    □ cappuccino 캐푸치-노우 n. 카푸치노   **tip.** 에스프레소에 거품을 일으킨 뜨거운 우유를 섞어 만든 것입니다.
    □ café mocha 캐페이 모우커 카페모카

tip. 에스프레소에 진한 크림과 향료를 넣은 커피입니다.

Let's talk over a cup of coffee.
렛(ㅊ) 터억 오우버 어 컵 어(ㅂ) 커-피
커피 한잔하면서 얘기합시다.

tip. 에스프레소에 초콜릿 시럽과 거품을 일으킨 우유를 섞은 커피입니다.

□ tea 티- n. 차   **tip.** 영미권에서 tea는 보통 '홍차'를 의미합니다.
    □ green tea 그리인 티- n. 녹차
    □ black tea 블랙 티- n. 홍차
    □ herb tea 어-(ㅂ) 티- n. 허브차

I prefer tea to coffee.
아이 프리퍼 티- 투 커-피
커피보다는 차를 좋아해요.

□ juice 쥬-(ㅆ) n. 주스
    □ orange juice 어-린쥐 쥬-(ㅆ) 오렌지 주스

□ lemonade 레머네이(ㄷ) n. 레모네이드

□ soda 소우더 n. 탄산음료

□ alcohol 앨커허얼 n. 술   **tip.** drink도 음료나 술을 의미합니다.

I don't touch alcohol.
아이 도운(ㅌ) 터취 앨커허얼
전 술을 못 마셔요.

□ champagne 섐페인 n. 샴페인

□ beer 비어 n. 맥주

Let's get a beer.
렛(츠) 겟 어 비어
맥주 한잔합시다.

□ whisky 위스키 n. 위스키

Could I have a whisky and water, please?
쿠 다이 해 버 위스키 앤(드) 워-터, 플리-(즈)?
위스키에 물을 타 줄래요?

□ cider 싸이더 n. 사과주, 사과 주스 ⟶ **tip.** cider에는 즙을 발효시키지 않은 단맛의
sweet cider와 발효시킨 hard cider가
있는데, 보통 미국에서는 sweet cider,
□ wine 와인 n. 포도주, 와인 영국에서는 hard sider를 가리킵니다.

You can't put new wine in old bottles.
유 캔(트) 풋 누- 와인 인 오울(드) 바들(스)
새 술은 새 부대에 담아야 한다.

□ ice 아이(쓰) n. 얼음

□ teacup 티-컵 n. 찻잔

□ glass 글래(스) n. (유리)컵

This glass is not clean. Can I have another one?
디스 글래 시즈 낫 클리인. 캔 아이 해 버나더 원?
컵이 더러운데요. 다른 것 갖다주시겠어요?

□ straw 스트러- n. 빨대

□ bill 빌 n. 계산서 ⟶ **tip.** 미국에서는 식당 등에서의 계산서를 check이라고도 합니다.
　　□ tax 택(스) n. 세금
　　□ service charge 서-비(쓰) 차-쥐 n. (계산서에 추가되는) 봉사료

Does this bill include tax and service charge?
더즈 디스 빌 인클루(드) 택 샌(드) 서-비(쓰) 차-쥐?
계산서에 세금과 봉사료가 포함되어 있나요?

□ tip 팁 n. 팁　　**tip.** servive charge는 계산서에 부과되는 항목이므로 반드시 지불해야 하지만,
　　　　　　　　　　tip은 자발적으로 내는 것이므로 상황에 따라 적절한 금액을 추가로 더 내면 됩니다.

□ **napkin** 냅킨 n. 냅킨

□ **fork** 퍼-(ㅋ) n. 포크

> I dropped my fork.
> 아이 드랍(ㅌ) 마이 퍼-(ㅋ)
> 포크를 떨어뜨렸습니다.

□ **spoon** 스푸운 n. 숟가락
> □ **teaspoon** 티-스푸운 n. 찻숟가락, 티스푼

□ **chopsticks** 찹스틱(ㅅ) n. 젓가락

> **tip.** 젓가락을 말할 때, 두 개 중 한 개를 말하는 경우가 아니면 복수형으로 씁니다.

□ **taste** 테이슷 n. 맛 v. 맛보다, 맛이 나다 ●⟶ **tip.** taste는 '취향'이라는 뜻도 있어요.

> How does it taste?
> 하우 더즈 잇 테이슷?
> 맛이 어때요?

□ **salty** 서얼티 a. 짠

□ **sweet** 스위잇 a. 달콤한, 단

> It's a little too sweet for me.
> 잇 처 리들 투- 스위잇 퍼 미
> 좀 단 것 같아요.

□ **spicy** 스파이씨 a. 매운
> = **hot** 핫

> Don't make it too spicy, please.
> 도운(ㅌ) 메익 잇 투- 스파이씨, 플리-(ㅈ)
> 너무 맵지 않게 해 주세요.

□ **sour** 사우어 a. 신

□ **bitter** 비더 a. 쓴

□ **plain** 플레인 a. 담백한

It's plain.
잇(ㅊ) 플레인
맛이 담백해요.

□ **greasy** 그리-시 a. 느끼한

I think it's a little greasy.
아이 씽 킷 처 리들 그리-시
좀 기름진 것 같은데요.

□ **fishy** 피쉬 a. 비린내 나는

□ **stale** 스테일 a. 상한, 부패된

I'm afraid this food is stale.
아임 어(ㅍ)레잇 디스 푸웃 이즈 스테일
이건 상한 것 같은데요.

꼭! 써먹는 **실전 회화**

17. 요리 주문

Mary   What's today's special?
왓(ㅊ) 터데이(ㅅ) 스페셜?
오늘의 메뉴는 무엇인가요?

Waiter   We have a sirloin steak with caramelized onion sauce.
Would you like that?
위 해 버 서-러인 스테익 윗 캐러멀라이즛 어년 서-(ㅆ). 우 쥬 라익 댓?
오늘은 캐러멜라이징 한 양파 소스가 곁들여진 등심 스테이크가 있습니다.
그걸로 하시겠습니까?

Mary   Yes. And a glass of red wine, please.
예스. 앤 더 글래 서(ㅂ) 렛 와인, 플리-(ㅈ)
네. 그리고 레드와인 한 잔도 주세요.

Waiter   Great. I'll be right back with your wine.
그레잇. 아일 비- 라잇 백 윗 유어 와인
좋습니다. 와인은 바로 갖다드리겠습니다.

□ store 스터–
= shop 샵
    n. 가게, 상점

□ market 마–킷
    n. 시장

□ flea market
    플리– 마–킷
    n. 벼룩시장

□ supermarket
    수–퍼마–컷
    n. 슈퍼마켓, 마트

□ department store
    디파–트먼(트) 스터–
    n. 백화점

□ kiosk 키–아슥
    n. (매점 등의) 간이 건조물

□ buy 바이
= purchase 퍼–처(ㅅ)
    v. 사다

□ product 프라덕(트)
= goods 굿(ㅈ)
    n. 상품, 물건

□ sell 셀
    v. 팔다, 판매하다

□ pay 페이
    v. 지불하다

□ pay by credit card
    페이 바이 크레딧 카–(ㄷ)
    신용카드로 지불하다

□ customer 커스터머
= shopper 샤퍼
    n. 손님, 고객

□ salesclerk 세일(ㅈ)클러억
= salesperson
    세일(ㅈ)퍼–슨
    n. 점원, 판매원

□ counter 카운터
    n. 계산대

□ cashier 캐쉬어
    n. 계산원

□ receipt 리시잇
    n. 영수증

□ voucher 바우춰
    n. 영수증, 증거 서류

□ **expensive** 익스펜시(ㅂ)
= **high priced** 하이 프라이쓷
  a. 비싼

□ **cheap** 취입
= **low priced** 로우 프라이쓷
  a. 싼

□ **refund** 리펀(ㄷ)
  n. 환불 v. 환불하다

□ **return** 리터언
  v. 반환하다

□ **sale** 세일
  n. 특매, 염가 판매

□ **discount** 디스카운(ㅌ)
  n. 할인 v. 할인하다

□ **showcase** 쇼우케이(ㅅ)
  n. 전시, 진열, 진열용 유리 상자

□ **instant food** 인스턴(ㅌ) 푸웃
= **convenience food** 컨비니언(ㅆ) 푸웃
  인스턴트식품

□ **butcher shop** 버춰 샵
= **meat shop** 미잇 샵
  정육점

□ **seafood store** 시-푸웃 스터-
= **seafood market** 시-푸웃 마-킷
  생선 가게

□ **bakery** 베이커리
  n. 빵집

□ **ice-cream parlor** 아이(ㅆ)크리임 파-러
  아이스크림 가게

□ bookstore 북스터–
　　n. 서점

□ pharmacy 파–머씨 n. 약국

□ drugstore 드럭스터–
　　n. 드러그스토어, 약국

□ travel agency 츠래블 에이전씨
= tourist bureau 투어리슷 뷰어로우
　어행사

□ beauty parlor 뷰–티 파–러
= beauty salon 뷰–티 서란
　　n. 미용실

□ barbershop 바–버샵
　　n. 이발소

□ flower shop 플라워 샵
　꽃집

□ clothing store 클로우딩 스터–
　옷가게

□ fitting room 피딩 루움
　피팅룸, 탈의실

□ size 사이(ㅈ)
　　n. 사이즈

□ shoe store 슈– 스터–
　신발 가게

□ optician 압티션
　　n. 안경점

220

□ stationery store 스테이셔너리 스터-
　　n. 문구점

□ real estate agent
　리얼 이스테잇 에이전(트)
　　n. 부동산

□ cosmetics store 카즈메틱(ㅅ) 스터-
화장품 가게

□ perfume 퍼-퓨움
　　n. 향수

□ laundry 러언드리
　　n. 세탁소

□ dry cleaning 드라이 클리-닝
　　n. 드라이클리닝

□ do the ironing 두 더 아이어닝
다림질하다

□ repair 리페어
= fix 픽(ㅅ)
= mend 멘(ㄷ)
　　v. 수선하다, 수리하다

□ stain 스테인
　　n. 얼룩

221

☐ **store** 스터- n. 가게, 상점

☐ **shop** 샵 n. 가게, 상점 v. 물건을 사다, 쇼핑하다

☐ **shopping** 샤핑 n. 쇼핑
　　☐ **go shopping** 고우 샤핑 쇼핑하다

　　Why don't we go shopping together?
　　와이 도운(트) 위 고우 샤핑 터게더?
　　같이 쇼핑하러 가지 않을래?

☐ **market** 마-킷 n. 시장
　　☐ **supermarket** 수-퍼마-컷 n. 슈퍼마켓, 마트

tip. supermarket은 우리가 흔히 말하는 '슈퍼'와는 개념이 다르며, 식품이나 가정용품을 구입할 수 있는 '대형 매장'을 의미합니다.

　　☐ **flea market** 플리- 마-킷 n. 벼룩시장

☐ **mall** 머얼 n. 쇼핑센터

☐ **department store** 디파-트먼(트) 스터- n. 백화점　**tip.** 영국에서는 the stores라고도 합니다.

☐ **grocery store** 그로우쓰리 스터- 식료잡화점

☐ **retail store** 리-테일 스터- 소매 가게

☐ **kiosk** 키-아슥 n. (매점 등의) 간이 건조물　**tip.** 복권이나 간단한 간식거리를 파는 부스 스타일의 매점을 말합니다.

☐ **buy** 바이 v. 사다, 구입하다
　= **purchase** 퍼-처(스)　**tip.** purchase는 buy보다 격식을 차린 말로, 일용품 구입에는 보통 buy를 씁니다.

　　Can I buy it on an installment plan?
　　캔 아이 바이 잇 언 언 인스틸먼(트) 플랜?
　　할부로 구입이 가능한가요?

☐ **product** 프라덕(트) n. 상품, 물건
　= **goods** 굿(즈)
　　☐ **frozen products** 프로우즌 프라덕(츠) 냉동 제품
　　☐ **refrigerated products** 리프리저레잇 프라덕(츠) 냉장 제품
　　☐ **farm products** 파암 프라덕(츠) 농산물

□ marine products 머리인 프라덕(ㅊ) 수산물

□ dairy goods 데어리 굿(ㅈ) 유제품

□ instant food 인스턴(ㅌ) 푸읏 인스턴트식품

= convenience food 컨비니언(ㅆ) 푸읏

□ industrial products 인더스츠리얼 프라덕(ㅊ) 공산품

□ electric appliances 일렉츠릭 어플라이언씨(ㅅ) 전자 제품, 전기 제품

□ date of expiration 데잇 어(ㅂ) 엑스퍼레이션 유통기한

□ stock 스탁 n. 재고

□ out of stock 아웃 어(ㅂ) 스탁 품절인, 재고가 없는

= sold-out 소울다웃

I'm sorry, it's out of stock right now.
아임 서-리, 잇 차웃 어(ㅂ) 스탁 라잇 나우
죄송합니다만, 지금은 재고가 없습니다.

□ sell 셀 v. 팔다, 판매하다

□ salesclerk 세일(ㅈ)클러억 n. 점원, 판매원　　**tip.** 남자 점원은 salesman,
여자 점원은 saleswoman이라고도
= salesperson 세일(ㅈ)퍼-슨　　　　　　　합니다.

□ vendor 벤더 n. 행상인, 파는 사람

□ customer 커스터머 n. 손님, 고객　→　**tip.** customer는 어떤 특정한 가게에서
물건을 사는 사람을, shopper는
= shopper 샤퍼　　　　　　　　　　　　일반적으로 물건을 사는 사람을 가리킵니다.

□ pay 페이 v. 지불하다

□ pay by credit card 페이 바이 크레딧 카-(ㄷ) 신용카드로 지불하다

□ pay in cash 페이 인 캐쉬 현금으로 지불하다

How would you like to pay?　　　　　**tip.** 지불 수단에 따라 pay 뒤에 오는 전치사가
달라지는 것에 주의합니다.
하우 우 쥬 라익 투 페이?
어떻게 지불하실 건가요?

I'd like to pay in cash.
아이(ㄷ) 라익 투 페이 인 캐쉬
현금으로 하겠어요.

□ change 체인쥐 v. 바꾸다

□ refund 리펀(ㄷ) n. 환불 v. 환불하다

□ return 리터언 v. 반환하다

□ counter 카운터 n. 계산대
    □ cashier 캐쉬어 n. 계산원

    Where is the check-out counter?
    웨어 이즈 더 체카웃 카운터?
    계산대는 어디 있어요?

□ receipt 리씨잇 n. 영수증
    □ voucher 바우춰 n. 영수증, 증거 서류

    Here is your receipt.
    히어 이즈 유어 리씨잇
    여기 영수증이요.

□ expensive 익스펜시(ㅂ) a. 비싼   tip. expensive는 주로 물건에 대해 쓰므로,
  = high priced 하이 프라이쓷   가격에 대해 쓸 때는 a high price라고 합니다.

□ cheap 취입 a. 싼   tip. cheap은 종종 가격은 싸지만 품질은 좋지 않다는 의미를 내포합니다.
  = low priced 로우 프라이쓷

□ economical 이-커나-미컬 a. 경제적인, 절약하는

□ sale 세일 n. 특매, 염가 판매
    □ clearance 클리어런(ㅆ) n. 재고 정리 세일
    □ year-end sale 이어엔(ㄷ) 세일 연말 세일
    □ rummage sale 러미쥐 세일 n. 자선 바자
    □ garage sale 거라-쥐 세일 n. 차고 세일(중고품 세일)

    How long is the sale?   tip. garage sale은 주택 차고에서 하는 세일로, 주로 주말인
    하우 러엉 이즈 더 세일?   금요일이나 토요일에 행하며 신문 광고란에 내거나 직접
    세일 기간은 얼마나 되나요?   종이에 써 붙여 알립니다. 비슷한 말로 yard sale이
                             있는데, 주택 앞마당에서 하는 중고품 세일을 말합니다.

□ sales promotion 세일(ㅈ) 프러모우션 판매 촉진

　　□ sales promotion gift 세일(ㅈ) 프러모우션 기픗 판촉물

□ discount 디스카운(트) n. 할인 v. 할인하다

□ quality 쿠얼러티 n. 품질

□ showcase 쇼우케이(ㅅ) n. 전시, 진열, 진열용 유리 상자

□ fruit shop 프루웃 샵 과일 가게

□ butcher shop 버춰 샵 정육점
　　= meat shop 미잇 샵

□ seafood store 시-푸웃 스터- 생선 가게
　　= seafood market 시-푸웃 마-킷

□ bakery 베이커리 n. 빵집

□ ice-cream parlor 아이(ㅆ)크리임 파-러 아이스크림 가게

□ dessert shop 디저-(트) 샵 디저트 가게

□ bookstore 북스터- n. 서점

□ pharmacy 파-머씨 n. 약국

□ drugstore 드럭스터- n. 드러그스토어, 약국 ⤴ **tip.** 미국에서의 drugstore는 약뿐 아니라 화장품이나 일용잡화 및 담배, 신문도 판매하는 숍을 가리킵니다.

□ travel agency 츠래블 에이전씨 여행사
　　= tourist bureau 투어리슷 뷰어로우

□ beauty parlor 뷰-티 파-러 미용실
　　= beauty salon 뷰-티 서란

□ barbershop 바-버샵 n. 이발소 ⟶ **tip.** 영국에서는 barber's shop이라고 합니다.

225

□ flower shop 플라워 샵 꽃집

□ clothing store 클로우딩 스터- 옷가게
　　□ hanger 행어 n. 옷걸이
　　□ fitting room 피딩 루움 피팅룸, 탈의실
　　□ mannequin 매니킨 n. 마네킹
　　□ mirror 미러 n. 거울

□ size 사이(ㅈ) n. 사이즈 ──→ **tip.** 미국의 옷 사이즈는 한국의 표기 방법과 다릅니다.
　　　　　　　　　　　　　　　　성인의 상의는 XS~XXL로 표기되어 있습니다.
　　What size do you wear?　　　그리고 여성복의 하의는 size 2~16으로 되어 있는데,
　　왓 사이(ㅈ) 두 유 웨어?　　　　　size 2는 허리 24.5인치, size 16은 허리 33인치이며,
　　사이즈가 어떻게 되세요?　　　　　size의 단위는 짝수로 커집니다.

□ sporting-goods store 스퍼-팅굿(ㅈ) 스터- **스포츠용품점**

□ shoe store 슈- 스터- 신발 가게

□ optician 압티션 n. 안경점

□ stationery store 스테이셔너리 스터- 문구점

□ toy store 터이 스터- 장난감 가게

□ real estate agent 리얼 이스테잇 에이전(ㅌ) 부동산 ──→ **tip.** 공인중개사는
　　　　　　　　　　　　　　　　　　　　　　　　　　realtor라고 합니다.

□ jewelry shop 쥬-얼리 샵 보석 가게

□ perfumery 퍼퓨-머리 n. 향수 가게
　　□ perfume 퍼-퓨움 n. 향수

□ cosmetics store 카즈메틱(ㅅ) 스터- 화장품 가게
　　□ toner 토우너 n. 스킨(세면 직후 바르는 액체 타입의 화장품)
　　□ lotion 로우션 n. 로션
　　□ sunscreen 선스크리인 n. 자외선 차단제, 선크림
　　□ foundation 파운데이션 n. 파운데이션(화장품)

☐ lipstick 립스틱 n. 립스틱
☐ mascara 매스캐러 n. 마스카라
☐ eyeliner 아이라이너 n. 아이라이너
☐ nail polish 네일 팔리쉬 n. 매니큐어   **tip.** 우리가 흔히 말하는 '매니큐어'는
                                         manicure로, 손톱 손질을 가리킵니다.

☐ laundry 러언드리 n. 세탁소
   ☐ dry cleaning 드라이 클리-닝 n. 드라이클리닝
   ☐ stain 스테인 n. 얼룩
   ☐ do the ironing 두 디 아이어닝 다림질하다
   ☐ repair 리페어 v. 수선하다, 수리하다
   = fix 픽(ㅅ)
   = mend 멘(ㄷ)
   ☐ cut 컷 v. 자르다, 재단하다
   ☐ sew 소우 v. 바느질하다, 꿰매다

18. 원피스

꼭! 써먹는 **실전 회화**

Clerk   May I help you?
              메이 아이 헬 퓨?
              무엇을 도와드릴까요?

Mary   Can I try on this dress?
              캔 아이 츠라이 언 디스 드레(ㅅ)?
              이 원피스를 입어봐도 될까요?

Clerk   Of course. What size do you wear?
              어(ㅂ) 커-(ㅅ). 왓 사이(ㅈ) 두 유 웨어?
              물론이죠. 사이즈가 어떻게 되시나요?

Mary   Medium.
              미-디엄
              M 사이즈요.

□ **hospital** 하스피틀
　n. 병원

□ **clinic** 클리닉
　n. 진료소

□ **doctor** 닥터
　n. 의사

□ **nurse** 너-(ㅅ)
　n. 간호사

□ **patient** 페이션(트)
　n. 환자

□ **consult** 컨설(트)
　v. 상담하다, 진찰받다

□ **symptom** 심텀
　n. 증상, 증세

□ **painful** 페인펄
　a. 아픈, 고통스러운
□ **pain** 페인 n. 고통, 통증

□ **ache** 에익
　n. 통증
　v. 아프다, 쑤시다

□ **burn** 버언
　n. (불에 데인) 화상
□ **scald** 스커얼(드)
　n. (뜨거운 물에 데인) 화상

□ **choke** 초욱
　n. 질식
　v. 질식시키다

□ **hurt** 허-(트)
　n. 상처
　a. 다친, 부상한
　v. 다치게 하다

□ **injury** 인저리
= **wound** 우운(드)
= **cut** 컷
　n. 부상

□ **bruise** 브루-(즈)
= **contusion** 컨튜-전
　n. 타박상, 멍
　v. 타박상을 입히다

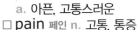

228

☐ crutch 크럿취
　　n. 목발

☐ cold 코울(ㄷ)
　　n. 감기

☐ cough 커-(ㅍ)
　　n. 기침
　　v. 기침하다

☐ fever 피-버
　　n. 열

☐ indigestion 인디제스천
= dyspepsia 디스펩셔
　　n. 소화불량

☐ vomit 바밋 v. 구토하다
☐ vomiting 바-미팅
　　n. 구토

☐ dizziness 디지니(ㅅ)
　　n. 현기증
☐ dizzy 디지
= woozy 우-지
　　a. 현기증이 나는, 어지러운

☐ pimple 핌플
= acne 액니
= zit 짓
　　n. 뽀루지, 여드름

☐ be bitten 비- 비든
　　(곤충이나 동물에게)
　　물리다

☐ cavity 캐버티
　　n. 충치

☐ scaling 스케일링
　　n. 스케일링, 치석 제거

☐ brace 브레이(ㅆ)
　　n. 치열 교정기

☐ go into a hospital
　　고우 인투 어 하스피틀
= be hospitalized
　　비- 하스피터라이즛
　　입원하다

☐ leave the hospital
　　리-(ㅂ) 더 하스피틀
　　퇴원하다

229

□ pharmacy 파-머씨
  n. 약국

□ medicine 메더씬
= drug 드럭
  n. 약

□ digestive aid
  다이제스티 베잇
  소화제

□ sleeping pill
  슬리-핑 필
  수면제

□ pain-killer 페인킬러
= anodyne 애너다인
  n. 진통제

□ antifebrile 앤티피-브럴
  n. 해열제

□ ointment 어인트먼(트)
  n. 연고

□ bandage 밴디쥐
  n. 붕대, 밴드

□ adhesive bandage
  앳히-시(브) 밴디쥐
  n. 반창고

□ bank 뱅(ㅋ)
  n. 은행

□ money 머니 n. 돈

□ cash 캐쉬 n. 현금

□ coin 커인
  n. 동전

□ account 어카운(트)
  n. 계좌

☐ save 세이(ㅂ)
　　v. 저축하다

☐ deposit 디파짓
　　v. 예금하다, 입금하다

☐ transfer 츠랜스퍼
　　v. (돈을) 옮기다, 이체하다

☐ credit transfer 크레딧 츠랜스퍼
　　계좌이체

☐ exchange 익스체인쥐
　　n. 환전 v. 환전하다

☐ loan 로운
　　n. 대출

☐ withdrawal 윗드러얼
　　n. 인출

☐ withdraw 윗드러-
　　v. 돈을 찾다, 출금하다

☐ Internet banking 인터-넷 뱅킹
　　인터넷 뱅킹

☐ interest 인터레슷
　　n. 이자

☐ credit card 크레딧 카-(ㄷ) 신용카드

☐ debit card 데빗 카-(ㄷ) 직불카드

☐ PIN 핀
　　n. 비밀번호(Personal
　　　Identification Number의 약자)

☐ ATM 에이티-엠
　　n. 현금 자동 인출기(Automated
　　　Teller Machine의 약자)

231

□ health 헬쓰 n. 의료, 보건

□ hospital 하스피틀 n. 병원
  □ clinic 클리닉 n. 진료소

□ patient 페이션(ㅌ) n. 환자

□ doctor 닥터 n. 의사

  I'd like to make an appointment to see the doctor.
  아이(ㄷ) 라익 투 메익 언 어퍼인먼(ㅌ) 부 시– 더 닥터
  진찰 예약을 하고 싶습니다.

□ nurse 너–(ㅅ) n. 간호사

□ consult 컨설(ㅌ) v. 상담하다, 진찰받다

□ symptom 심텀 n. 증상, 증세

  What are your symptoms?
  왓 아– 유어 심텀(ㅅ)?
  증상이 어떻습니까?

□ painful 페인펄 a. 아픈, 고통스러운

□ sore 서– a. (염증으로) 아픈

□ prickle 프리클 n. 따끔따끔한 느낌, 아픔

□ pain 페인 n. 고통, 통증 •──→ **tip.** pain은 신체적 정신적인 갑작스런 단기간의 통증을, ache는 신체 일부의 계속적인 아픔을 나타냅니다.

□ ache 에익 n. 통증 v. 아프다, 쑤시다
  □ toothache 투–쎄익 n. 치통
  □ headache 헤데익 n. 두통

  I have a terrible headache.
  아이 해 버 테러블 헤데익
  머리가 깨질 듯 아파요.

□ **burn** 버언 n. (불에 데인) 화상 → tip. 햇볕에 그을인 것은 sunburn이라고 합니다.
  □ **scald** 스커얼(ㄷ) n. (뜨거운 물에 데인) 화상

□ **choke** 초욱 n. 질식 v. 질식시키다

□ **numb** 넘 a. 감각을 잃은, 마비된

□ **hurt** 허–(ㅌ) n. 상처 a. 다친, 부상한 v. 다치게 하다

□ **injury** 인저리 n. 부상 → tip. injury는 사고 등으로 인한 상처,
  = **wound** 우운(ㄷ) wound는 총이나 칼 등으로 입은 상처,
  = **cut** 컷 cut은 베인 상처를 말합니다.

□ **scar** 스카– n. 흉터

□ **bruise** 브루–(ㅈ) n. 타박상, 멍 v. 타박상을 입히다
  = **contusion** 컨튜–젼

□ **scratch** 스크랫취 n. 긁힌 상처, 생채기 v. 긁다, 할퀴다
  □ **abrasion** 업레이젼 n. 찰과상

□ **black eye** 블랙 아이 n. (얻어맞아 생긴) 눈 둘레의 멍 → tip. '수치, 불명예'라는
  의미로도 쓰입니다.

□ **swollen** 스월른 a. 부어오른
  □ **become swollen** 비컴 스월른 붓다

□ **sprain** 스프레인 n. 삐기, 염좌 v. 삐다, 접질리다
  = **wrench** 렌취

  I sprained my ankle.
  아이 스프레인(ㄷ) 마이 앵클
  발목이 삐었어요.

□ **limp** 림(ㅍ) n. 절뚝거리기 v. 다리를 절다
  □ **limp heavily** 림(ㅍ) 헤빌리 심하게 절다
  □ **limp slightly** 림(ㅍ) 슬라잇리 약간 절다

□ crutch 크럿취 n. 목발

□ cold 코울(ㄷ) n. 감기
    □ catch a cold 캐취 어 코울(ㄷ) 감기에 걸리다
    = get a cold 겟 어 코울(ㄷ)

    I seem to have caught a cold.
    아이 시임 투 해(ㅂ) 커웃 어 코울(ㄷ)
    감기에 걸린 것 같아요.

□ influenza 인플루엔저 n. 인플루엔자, 유행성 감기, 독감
    = the flu 더 플루-

□ cough 커-(ㅍ) n. 기침 v. 기침하다
    □ cough cough 커-(ㅍ) 커-(ㅍ) 콜록콜록

□ fever 피-버 n. 열
    □ high fever 하이 피-버 고열
    □ slight fever 슬라잇 피-버 미열
    □ run a fever 런 어 피-버 열이 나다

□ blood pressure 블럿 프레셔 n. 혈압
    □ high blood pressure 하이 블럿 프레셔 n. 고혈압
    = hypertension 하이퍼텐션
    □ low blood pressure 로우 블럿 프레셔 n. 저혈압
    = hypotension 하이포우텐션

    I have high blood pressure.
    아이 해(ㅂ) 하이 블럿 프레셔
    고혈압이 있어요.

□ indigestion 인디제스천 n. 소화불량
    = dyspepsia 디스펩셔

□ stomach 스터먹 n. 위

□ appendicitis 어펜더싸이티(ㅅ) n. 맹장염

□ nauseous 너-셔(ㅅ) a. 구역질나는, 메스꺼운

□ morning sickness 머-닝 식니(ㅅ) n. (임신 초기에 흔히 오전에만 나타나는) 입덧

It may be morning sickness.
잇 메이 비- 머-닝 식니(ㅅ)
입덧인 것 같아요.

□ vomit 바밋 v. 구토하다
  □ vomiting 바-미팅 n. 구토

□ diarrhea 다이어리-어 n. 설사

□ constipation 칸스티페이션 n. 변비

□ dizziness 디지니(ㅅ) n. 현기증
  □ dizzy 디지 a. 현기증이 나는, 어지러운
  = woozy 우-지

□ anemia 어니-미어 n. 빈혈

□ hives 하이브(ㅈ) n. 두드러기

□ pimple 핌플 n. 뽀루지, 여드름
  = acne 액니
  = zit 짓

□ be bitten 비- 비튼 (곤충이나 동물에게) 물리다

□ cavity 캐버티 n. 충치

□ scaling 스케일링 n. 스케일링, 치석 제거

□ brace 브레이(ㅆ) n. 치열 교정기

□ hereditary disease 허레디테리 디지-(ㅈ) 유전병

□ go into a hospital 고우 인투 어 하스피틀 입원하다
    = be hospitalized 비- 하스피터라이즛
    □ leave the hospital 리-(ㅂ) 더 하스피틀 퇴원하다

□ surgery 서-저리 n. 수술
    = operation 아퍼레이션

    Does he need surgery?
    더즈 히 니잇 서저리?
    수술을 받아야 합니까?

□ anesthesia 애너씨-저 n. 마취
    □ general anesthesia 제너럴 애너씨-저 전신 마취
    □ local anesthesia 로우컬 애너씨-저 국부 마취

□ medical insurance 메디컬 인슈어런(ㅆ) 의료 보험

□ medical certificate 메디컬 써티피케잇 진단서

□ prescription 프리스크립션 n. 처방전

    I'm going to write you a prescription.
    아임 고우잉 투 라잇 유 어 프리스크립션
    처방전을 써 드리겠습니다.

□ pharmacy 파-머씨 n. 약국

□ medicine 메더씬 n. 약
    = drug 드럭
    □ digestive aid 다이제스티 베잇 소화제
    □ sleeping pill 슬리-핑 필 수면제
    □ pain-killer 페인킬러 n. 진통제
    = anodyne 애너다인
    □ antifebrile 앤티피-브럴 n. 해열제

    Is this pain-killer effective?
    이즈 디스 페인킬러 이펙티(ㅂ)?
    이 진통제가 효과 있나요?

□ side effect 사이 디펙(트) 부작용

Does this medicine have any side effects?
더즈 디스 메더씬 해 배니 사이 디펙(츠)?
이 약에 부작용은 없나요?

□ ointment 어인트먼(트) n. 연고

□ disinfectant 디신펙턴(트) n. 소독약 a. 소독력이 있는
= antiseptic 앤티셉틱

□ bandage 밴디쥐 n. 붕대, 밴드
　□ adhesive bandage 앳히−시(ㅂ) 밴디쥐 n. 반창고

tip. 미국에서는 반창고의 대표적 상표명인
Band-Aid라고 하기도 합니다.

□ gypsum 집섬 n. 깁스, 석고
　□ wear a plaster cast 웨어 어 플래스터 캐슷 깁스를 하다

□ bank 뱅(ㅋ) n. 은행
　□ banking 뱅킹 n. 금융, 은행 업무

□ money 머니 n. 돈
　□ cash 캐쉬 n. 현금
　□ coin 커인 n. 동전
　□ check 첵 n. 수표
　□ traveler's check 츠래블러(ㅅ) 첵 n. 여행자 수표
　□ change 체인쥐 n. 잔돈, 거스름돈

□ account 어카운(트) n. 계좌
　□ ordinary deposit 어−더네리 디파짓 n. 보통 예금
　□ installment deposit 인스터얼먼(트) 디파짓 n. 적금

□ save 세이(ㅂ) v. 저축하다
　□ deposit 디파짓 v. 예금하다, 입금하다

□ balance 밸런(ㅆ) n. 잔고

□ withdrawal 윗드러얼 n. 인출

    □ withdraw 윗드러- v. 돈을 찾다, 출금하다

    = make a withdrawal 메익 어 윗드러얼

□ transfer 츠랜스퍼 v. (돈을) 옮기다, 이체하다

    □ credit transfer 크레딧 츠랜스퍼 계좌이체

Please transfer the funds to this account.
플리-(ㅈ) 츠랜스퍼 더 펀(ㅈ) 투 디스 어카운(ㅌ)
이 계좌로 송금해 주세요.

□ remittance 리밋든(ㅆ) n. 송금, 송금액

□ Internet banking 인터-넷 뱅킹 인터넷 뱅킹

□ fee 피- n. 수수료

□ currency 커-런씨 n. 통화

    □ foreign currency 퍼-런 커-런씨 외화

    □ dollar 달러 n. 달러(미국의 화폐 단위)

    □ euro 유어로우 n. 유로(유럽연합의 통합 화폐 단위)

    □ yen 옌 n. 엔(일본의 화폐 단위)

    □ yuan 유-아안 n. 위안(중국의 화폐 단위)

□ exchange 익스체인쥐 n. 환전 v. 환전하다

    □ exchange rate 익스체인쥐 레잇 n. 환율

I'd like to exchange Korean won for US dollars.
아이(ㄷ) 라익 투 익스체인쥐 커리-언 원 퍼 유-에스 달러(ㅈ)
원화를 달러로 환전하고 싶습니다.

□ interest 인터레슷 n. 이자

    □ rate of interest 레잇 어(ㅂ) 인터레슷 금리

What's the interest rate?
왓(ㅊ) 디 인터레슷 레잇?
이자율은 어떻게 됩니까?

□ loan 로운 n. 대출

    □ mortgage 머-기쥐 n. 모기지, 주택 담보 대출

□ credit card 크레딧 카-(ㄷ) 신용카드

    □ debit card 데빗 카-(ㄷ) 직불카드

□ ATM 에이티-엠 n. 현금 자동 인출기(Automated Teller Machine의 약자)

Where are the ATM machines?
웨어 아- 디 에이티-엠 머쉰(ㅅ)?
현금 자동 인출기는 어디에 있나요?

□ PIN 핀 n. 비밀번호(Personal Identification Number의 약자)

Please enter your PIN.
플리-(ㅈ) 엔터 유어 핀
비밀번호를 입력하세요.

tip. PIN은 신용카드의 개인 식별 번호나
은행 카드의 비밀번호를 말합니다.

꼭! 써먹는 **실전 회화**

19. 두통

Mary   Does anyone have some pain-killers?
          더즈 애니원 해(ㅂ) 섬 페인킬러(ㅅ)?
          누구 진통제 가지고 있는 사람 있니?

Tom   Why? What's wrong?
          와이? 왓(ㅊ) 러엉?
          왜? 무슨 문제 있니?

Mary   I have a severe headache.
          아이 해 버 시비어 헤데익
          두통이 엄청 심해.

Tom   Sorry, I don't have anything. Let's go to the pharmacy.
          서-리, 아이 도운(ㅌ) 해 배니씽. 렛(ㅊ) 고우 투 더 파-머씨
          미안하지만, 아무것도 없는걸. 약국에 가자.

Exercise

다음 단어를 읽고 맞는 뜻과 연결하세요.

1. bank •   • 가게, 상점

2. café •   • 돈

3. health •   • 병원

4. hospital •   • 선생

5. market •   • 시장

6. money •   • 은행

7. restaurant •   • 음식점, 식당

8. school •   • 의료, 보건

9. store •   • 일, 일하다

10. student •   • 카페, 커피숍

11. teacher •   • 학교

12. work •   • 학생

1. bank – 은행 2. café – 카페, 커피숍 3. health – 의료, 보건 4. hospital – 병원
5. market – 시장 6. money – 돈 7. restaurant – 음식점, 식당 8. school – 학교
9. store – 가게, 상점 10. student – 학생 11. teacher – 선생 12. work – 일, 일하다

Chapter 6

여행

Unit 20.
교통 Transportation 츠랜스퍼테이션

□ transportation
츠랜스퍼테이션
n. 교통, 운송, 수송

□ plane 플레인 n. 비행기
= airplane 에어플레인

□ flight 플라잇
n. 비행, 항공편

□ airport 에어퍼-(ㅌ)
n. 공항

□ airlines 에어라인(ㅅ)
n. 항공사, 항공노선

□ ticket 티킷
n. 표, 승차권, 입장권

□ airline ticket
에어라인 티킷
n. 항공권

□ boarding pass
버-딩 패(ㅅ)
= boarding card
버-딩 카-(ㄷ)
n. (비행기의) 탑승권

□ passport 패스퍼-(ㅌ)
n. 여권

□ visa 비-저
n. 비자

□ leave 리-(ㅂ) v. 출발하다, 떠나다
= depart 디파-(ㅌ)

□ departure 디파-춰 n. 출발

□ arrive 어라이(ㅂ) v. 도착하다

□ arrival 어라이벌 n. 도착

□ take off 테익 어-(ㅍ) 이륙하다

□ takeoff 테익어-(ㅍ) n. 이륙

□ land 랜(ㄷ) v. 착륙하다
= make a landing 메익 어 랜딩

□ landing 랜딩 n. 착륙

242

□ **seat** 시잇
  n. 좌석, 자리

□ **economy class** 이카-너미 클래(ㅅ)
  n. 일반석

□ **business class** 비즈니(ㅅ) 클래(ㅅ)
  n. 비즈니스석

□ **first class** 퍼-숫 클래(ㅅ)
  n. 일등석

□ **board** 버-(ㄷ)
= **get on** 겟 언
  v. 탑승하다

□ **get off** 겟 어-(ㅍ)
= **disembark** 디셈바-(ㅋ)
  v. (비행기에서) 내리다

□ **suitcase** 수웃케이(ㅅ)
  n. 여행 가방
□ **trunk** 츠렁(ㅋ)
  n. 트렁크

□ **carry-on** 캐리언
  휴대용 짐
□ **baggage** 배기쥐
= **luggage** 러기쥐
  n. 수화물

□ **airport security**
  에어퍼-(ㅌ) 시큐어러티
  공항 보안 검색대

□ **pilot** 파일럿
  n. 조종사, 파일럿

□ **crew** 크루-
  n. (배·비행기·기차) 승무원

□ **steward** 스튜-어(ㄷ)
  n. 스튜어드, 남자 승무원

□ **stewardess** 스튜-어디(ㅅ)
  n. 스튜어디스, 여자 승무원

243

□ seat belt 시잇 벨(트)
n. 안전벨트

□ life vest 라이(ㅍ) 베슷
= life jacket 라이(ㅍ) 재킷
구명조끼

□ emergency exit 이머-전씨 엑싯
비상구

□ Duty Free Shop 듀-티 프리- 샵
n. 면세점

□ train 츠레인
n. 기차, 열차

□ train station
츠레인 스테이션
n. 기차역

□ platform 플랫퍼엄
n. 승강장, 플랫폼

□ railroad 레일로웃
n. 선로

□ ticket office
티킷 어-피(ㅆ)
n. 기차 매표소

□ cabin 캐빈
n. 객실

□ ticket gate 티킷 게잇
개찰구

□ transfer 츠랜스퍼
n. 환승
v. 환승하다

□ destination
데스티네이션
n. 목적지, 행선지

244

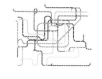

□ subway 섭웨이
= metro 메츠로우
　　n. 지하철

□ subway line map 섭웨이 라인 맵
지하철 노선도

□ line 라인 n. 노선

□ bus 버(ㅅ)
　　n. 버스

□ bus stop 버(ㅅ) 스탑
버스 정류장

□ taxi 택시
= cab 캡
　　n. 택시

□ streetcar 스츠리잇카ー
= trolley car 츠라알리 카ー
= tram 츠램
　　n. 전차

□ bicycle 바이씨클
= bike 바익
　　n. 자전거

□ motorcycle 모우터싸이클
　　n. 오토바이

□ ship 쉽 n. 배, 선박

□ boat 보웃 n. 배, 보트

□ port 퍼ー(ㅌ) n. 항구

□ harbor 하ー버 n. 항구

□ transportation 츠랜스퍼테이션 n. 교통, 운송, 수송
  □ public transportation 퍼블릭 츠랜스퍼테이션 대중 교통 기관

□ plane 플레인 n. 비행기
  = airplane 에어플레인

□ flight 플라잇 n. 비행, 항공편

□ airport 에어퍼-(ㅌ) n. 공항

I'll pick you up at the airport.
아일 픽 유 업 앳 디 에어퍼-(ㅌ)
내가 공항에 마중하러 나갈게요.

□ check-in counter 체킨 카운터 공항의 탑승 수속 창구

□ terminal 터-미늘 n. 터미널

□ airlines 에어라인(ㅅ) n. 항공사, 항공노선

□ ticket 티킷 n. 표, 승차권, 입장권

□ one-way ticket 원웨이 티킷 편도표
  □ one-way 원웨이 n. 편도 a. 한 방향으로만 제한된

A one-way ticket to New York, please.
어 원웨이 티킷 투 누-여억, 플리-(ㅈ)
뉴욕행 편도로 한 장 부탁드립니다.

□ round-trip ticket 라운(ㄷ)츠립 티킷 왕복표
  □ round-trip 라운(ㄷ)츠립 n. 왕복 여행 a. 왕복 여행의

Then give me a round-trip ticket, please.
덴 기(ㅂ) 미 어 라운(ㄷ)츠립 티킷, 플리-(ㅈ)
그럼 왕복표로 주세요.

□ airline ticket 에어라인 티킷 n. 항공권

tip. 정식으로는 passenger ticket and baggage check이라고 합니다.

246

□ **boarding pass** 버-딩 패-(ㅅ) n. (비행기의) 탑승권
  = **boarding card** 버-딩 카-(ㄷ)

  May I see your boarding pass, please?
  메이 아이 시- 유어 버-딩 패-(ㅅ), 플리-(ㅈ)?
  탑승권을 보여 주시겠습니까?

□ **passport** 패스퍼-(ㅌ) n. 여권
  □ **apply for a passport** 어플라이 퍼 어 패스퍼-(ㅌ) 여권을 신청하다
  □ **issue a passport** 이슈- 어 패스퍼-(ㅌ) 여권을 발급하다
  □ **renew a passport** 리누- 어 패스퍼-(ㅌ) 여권을 갱신하다

  May I see your passport please?
  메이 아이 시- 유어 패스퍼-(ㅌ) 플리-(ㅈ)?
  여권을 보여 주시겠어요?

□ **visa** 비-저 n. 비자

□ **departure** 디파-춰 n. 출발
  □ **departure gate** 디파-춰 게잇 n. 탑승구, 게이트

  Please check in at least 1 hour before your departure time.
  플리-(ㅈ) 첵 인 앳 리-슷 원 아워 비퍼- 유어 디파-춰 타임
  늦어도 출발 한 시간 전에는 탑승 수속을 해 주세요.

□ **leave** 리-(ㅂ) v. 출발하다, 떠나다   **tip.** 회화에서는 depart보다 leave가 많이 쓰입니다.
  = **depart** 디파-(ㅌ)

  When would you like to leave?
  웬 우 쥬 라익 투 리-(ㅂ)?
  언제 떠날 예정인가요?

  tip. 동사 arrive 뒤에 전치사 at, in, on을 쓸 수 있는데,
  도착하는 장소가 비교적 좁거나 여행 도중 잠깐 들르는 지점일
□ **arrive** 어라이(ㅂ) v. 도착하다   때는 at을, 비교적 넓은 장소나 목적지에 도착할 때는 in을,
  □ **arrival** 어라이벌 n. 도착   사건의 현장이나 섬 등에 도착한다는 의미일 때는 on을 씁니다.

  When will we arrive in Hong Kong?
  웬 일 위 어라이 빈 항캉?
  언제 홍콩에 도착하나요?

□ **take off** 테익 어-(ㅍ) 이륙하다
  □ **takeoff** 테익어-(ㅍ) n. 이륙

  We are taking off shortly.
  위 아- 테이킹 어-(ㅍ) 셔-(ㅌ)리
  잠시 후에 이륙합니다.

□ **land** 랜(ㄷ) v. 착륙하다
  = **make a landing** 메익 어 랜딩
  □ **landing** 랜딩 n. 착륙

□ **via** 비-어 prep. ~경유로, ~을 지나서

  I'll go via L.A.
  아일 고우 비-어 엘에이
  LA를 경유해서 갑니다.

□ **non-stop flight** 난스탑 플라잇 n. (비행기의) 직항편

□ **seat** 시잇 n. 좌석, 자리
  □ **window seat** 윈도우 시잇 창가석
  □ **aisle seat** 아일 시잇 통로석

  May I help you find your seat?
  메이 아이 헬 퓨 파인 쥬어 시잇?
  좌석을 안내해 드릴까요?

  I'd like a window seat, please.
  아이(ㄷ) 라익 어 윈도우 시잇, 플리-(ㅈ)
  창가석 부탁합니다.

□ **economy class** 이카-너미 클래(ㅅ) n. 일반석

□ **business class** 비즈니(ㅅ) 클래(ㅅ) n. 비즈니스석

□ **first class** 퍼-슷 클래(ㅅ) n. 일등석

□ **board** 버-(ㄷ) v. 탑승하다
  = **get on** 겟 언

□ get off 겟 어-(ㅍ) (비행기에서) 내리다
　　= disembark 디셈바-(ㅋ) v.

□ suitcase 수웃케이(ㅅ) n. 여행 가방

□ trunk 츠렁(ㅋ) n. 트렁크 •————→　tip. suitcase보다 큰 여행 가방을 가리킵니다.

□ carry-on 캐리언 휴대용 짐

□ baggage 배기쥐 n. 수화물 •————→　tip. 주로 미국에서는 baggage라고 하며,
　　= luggage 러기쥐　　　　　　　　　영국에서는 luggage라고 합니다.
　　□ baggage check 배기쥐 첵 수화물 보관증
　　= luggage ticket 러기쥐 티킷
　　□ baggage tag 배기쥐 택 수화물 꼬리표
　　= luggage label 러기쥐 레이벌

　　Do you have any baggage to check?
　　두 유 해 배니 배기쥐 투 첵?
　　부치실 짐이 있습니까?

□ check one's baggage 첵 원(ㅅ) 배기쥐 짐을 맡기다

□ check 첵 v. 조사하다, 확인하다

□ airport security 에어퍼-(ㅌ) 시큐어러티 공항 보안 검색대

□ immigration control 이미그레이션 컨츠로울 n. 출입국 심사
　　□ departure card 디-파춰 카-(ㄷ) 출국신고서
　　□ landing card 랜딩 카-(ㄷ) 입국신고서

　　Can you give me a hand filling out this departure card?
　　캔 유 기(ㅂ) 미 어 핸(ㄷ) 필링 아웃 디스 디파-춰 카-(ㄷ)?
　　출국신고서 작성법을 알려 주시겠습니까?

□ customs inspection 커스텀 신스펙션 n. 세관 검사
　　□ declaration card 데클러레이션 카-(ㄷ) n. 세관신고서

□ on the plane 언 더 플레인 기내에서

□ pilot 파일럿 n. 조종사, 파일럿

□ crew 크루- n. (배·비행기·기차) 승무원
　　□ steward 스튜-어(ㄷ) n. 스튜어드, 남자 승무원
　　□ stewardess 스튜-어디(ㅅ) n. 스튜어디스, 여자 승무원
　　□ flight attendant 플라잇 어텐던(ㅌ) (비행기) 승무원
　　= cabin crew 캐빈 크루-

　　tip. 요즘은 steward나 stewardess 대신 성자별적 요소가 없는
　　　　flight attendant나 cabin crew라는 말을 쓰는 항공사들이 많아지는 추세입니다.

□ in-flight meal 인플라잇 미일 기내식

□ seat belt 시잇 벨(ㅌ) n. 안전벨트

□ life vest 라이(ㅍ) 베슷 구명조끼
　　= life jacket 라이(ㅍ) 재킷

□ emergency exit 이머-전씨 엑싯 비상구

□ Duty Free Shop 듀-티 프리- 샵 n. 면세점 ──→ **tip.** 면세점 간판에
　　　　　　　　　　　　　　　　　　　　　　　약자인 **DFS**를 흔히 볼 수
　　Where are the Duty Free Shops?　　　있습니다.
　　웨어 아- 더 듀-티 프리- 샵(ㅅ)?
　　면세점은 어디 있어요?

□ train 츠레인 n. 기차, 열차
　　□ express train 익스프레(ㅅ) 츠레인 n. 급행 열차
　　□ local train 로우컬 츠레인 n. 완행 열차

□ train station 츠레인 스테이션 n. 기차역

□ platform 플랫퍼엄 n. 승강장, 플랫폼

□ railroad 레일로웃 n. 선로

□ ticket office 티킷 어–피(씨) n. 기차 매표소

    □ (railroad) ticket 레일로웃 티킷 기차표

    □ ticket agent 티킷 에이전(트) n. 기차 매표인

    □ railroad fare 레일로웃 페어 n. 기차 요금

□ ticket gate 티킷 게잇 개찰구

□ cabin 캐빈 n. 객실

□ baggage car 배기쥐 카– n. (열차의) 화물칸

    = luggage van 러기쥐 밴

> **tip.** 비행기의 화물칸은 cargo compartment라고 합니다.

□ sleeping compartment 슬리–핑 컴파–(트)먼(트) 침대칸

    = sleeper 슬리–퍼

□ dining car 다이닝 카– n. 식당칸

□ conductor 컨덕터 n. (열차의) 차장

    = guard 가–(드)

> **tip.** 미국에서는 conductor, 영국에서는 guard라고 합니다.

□ transfer 츠랜스퍼 n. 환승 v. 환승하다

    Where should I transfer?
    웨어 슈 다이 츠랜스퍼?
    어디에서 갈아타야 하나요?

□ timetable 타임테이블 n. 운행 시간표

    = train schedule 츠레인 스케쥬울

□ destination 데스티네이션 n. 목적지, 행선지

    What's your destination?
    왓 츄어 데스티네이션?
    목적지가 어디신가요?

□ subway 섭웨이 n. 지하철

    = metro 메츠로우

> **tip.** 영국에서는 지하철을 underground라고 하는데, 특히 런던에서는 Tube라고도 합니다. 그리고 프랑스의 파리에서는 the Metro라고 합니다.

□ subway station 섭웨이 스테이션 지하철역

　　□ subway transfer station 섭웨이 츠랜스퍼 스테이션 지하철 환승역

　　Is there a subway station around here?
　　이즈 데어 어 섭웨이 스테이션 어라운(ㄷ) 히어?
　　근처에 지하철역이 있습니까?

□ subway line map 섭웨이 라인 맵 지하철 노선도

　　□ line 라인 n. 노선

□ bus 버(ㅅ) n. 버스

　　□ bus stop 버(ㅅ) 스탑 버스 정류장
　　□ bus terminal 버(ㅅ) 터-미늘 버스 종점
　　□ bus lane 버(ㅅ) 레인 n. 버스 전용 차선

　　Does this bus go to the airport?
　　더즈 디스 버스 고우 투 더 에어퍼-(ㅌ)?
　　이 버스가 공항으로 가나요?

□ lane 레인 n. 차선, 차로

　　□ change lanes 체인쥐 레인(ㅅ) 차선을 변경하다

□ taxi 택시 n. 택시　　**tip.** 뉴욕에는 택시가 노란색이라서 yellow cab이라고 많이 부릅니다.

　　= cab 캡

　　Let's catch a taxi here.
　　렛(ㅊ) 캣춰 어 택시 히어
　　여기에서 택시를 잡도록 하죠.

□ streetcar 스츠리잇카- n. 전차

　　= trolley car 츠라일리 카-
　　= tram 츠램

□ bicycle 바이씨클 n. 자전거

　　= bike 바익
　　□ bicycle path 바이씨클 패쓰 자전거 도로

□ motorcycle 모우터싸이클 n. 오토바이

□helmet 헬밋 n. 헬멧

□ship 쉽 n. 배, 선박
　　□boat 보웃 n. 배, 보트 ●━━━━→ **tip.** ship보다 작은 소형의 배를 가리킵니다.

□port 퍼-(트) n. 항구
　　□harbor 하-버 n. 항구(배가 정박할 수 있는 항만을 두루 의미함)

□port of call 퍼- 터(ㅂ) 커얼 n. 기항지

□seasick 시-식 a. 뱃멀미하는
　　□seasickness 시-식니(ㅅ) n. 뱃멀미
　　= nausea 너-지어

20. 비행기 예약

꼭! 써먹는 **실전 회화**

Tom　　　　I'd like to book a ticket for Seoul, Korea.
　　　　　　　아이(ㄷ) 라익 투 북 어 티킷 퍼 소울, 커리-어
　　　　　　　서울행 티켓을 예약하고 싶습니다.

Employee　When would you like to depart?
　　　　　　　웬 우 쥬 라익 투 디파-(트)?
　　　　　　　언제 떠날 예정인가요?

Tom　　　　Anytime from December 20th to December 23rd.
　　　　　　　애니타임 프럼 디셈버 트웬티쓰 투 디셈버 트웬티 써-(ㄷ)
　　　　　　　12월 20일에서 23일 사이 아무 때나요.

Employee　One-way, or round-trip?
　　　　　　　원웨이, 어 라운(ㄷ)츠립?
　　　　　　　편도인가요, 왕복인가요?

Tom　　　　Round-trip, please.
　　　　　　　라운(ㄷ)츠립, 플리-(ㅈ)
　　　　　　　왕복으로 부탁합니다.

□ drive 드라이(ㅂ) v. 운전하다

□ driving 드라이빙 n. 운전

□ car 카–
  n. 자동차

□ van 밴
  n. 소형 트럭, 밴

□ convertible car 컨버–터블 카–
  n. 오픈카

□ step on 스텝 언
  밟다

□ stop 스탑
  v. 멈추다, 정지하다

□ step on the accelerator
  스텝 언 디 억쎌러레이터
  액셀러레이터를 밟다

□ brake 브레익
  n. 브레이크
  v. 브레이크를 걸어 정지시키다

□ headlight 헤(ㄷ)라잇
  n. 헤드라이트

□ honk 항(ㅋ)
  n. 자동차의 경적 소리 v. 경적을 울리다

□ horn 허언 n. 경적

□ seat belt 시잇 벨(트)
　n. 안전벨트

□ wheel 휘일
　n. 바퀴

□ violation 바이어레이션
　n. 위반

□ speeding 스피-딩
　n. 속도 위반

□ fine 파인 n. 벌금
= penalty 페널티

□ drunk driving 드렁(ㅋ) 드라이빙
　n. 음주 운전

□ traffic light 츠래픽 라잇
　n. 교통 신호등

□ sign 사인 n. 표지판, 간판

□ traffic sign 츠래픽 사인 교통 표지판

□ road sign 로웃 사인 도로 표지

□ pedestrian crossing
　퍼데스츠리언 크러-싱
　n. 횡단보도

□ (railway) crossing
　(레일웨이) 크러-싱
　(철도의) 건널목

255

□ fast 패슷
　　a. 빠른

□ slow 슬로우 a. 느린

□ slowly 슬로우리
　　adv. 천천히, 느리게

□ driver 드라이버
　　n. 운전자, 운전기사

□ pedestrian 퍼데스츠리언
= walker 워-커
　　n. 보행자

□ gas station 개(ㅅ) 스테이션
　　n. 주유소

□ gasoline 개설리인
= gas 개(ㅅ)
　　n. 휘발유, 가솔린

□ diesel 디-절 n. 경유, 디젤

□ liter 리-터 n. (용량의 단위) 리터

□ quantity 쿠안터티 n. 양(量)

□ fill up 필 업
　　(차에) 가득 주유하다

□ wash a car 워쉬 어 카-
　　세차하다

□ car wash 카- 워쉬
　　n. 세차, 세차장

□ park 파악
  v. 주차하다

□ parking lot 파-킹 랏
  n. 주차장

□ no-parking area 노우파-킹 에어리어
주차 금지 구역

□ parking space 파-킹 스페이(씨)
  n. 주차하는 자리, 주차하는 공간

□ traffic congestion 츠래픽 컨제스천
= traffic jam 츠래픽 잼
  교통 혼잡, 교통 체증

□ road 로웃 n. 도로, 길

□ street 스츠리잇 n. 길, 거리

□ lane 레인
  n. 차선, 차로

□ the center line 더 쎈터 라인
  중앙선

□ intersection 인터섹션
  n. 교차로, (주요 도로와의) 교차점

□ sidewalk 사이(ㄷ)워억
  n. 인도, 보도

□ tunnel 터늘
  n. 터널

257

□ drive 드라이(ㅂ) v. 운전하다
　　□ driving 드라이빙 n. 운전

□ car 카- n. 자동차
　　□ compact car 컴팩(ㅌ) 카- 소형차, 경차
　　□ van 밴 n. 소형 트럭, 밴
　　□ truck 츠럭 n. 트럭
　　□ convertible car 컨버-터블 카- n. 오픈카
　　□ SUV 에스유-비- n. 스포츠형의 다목적 자동차

tip. sport utility vehicle의 준말로,
일반 승용 및 스포츠 등 여가 생활에 맞게
다목적용으로 제작된 차량을 말합니다.

□ rental car 렌틀 카- n. 렌터카

□ steering wheel 스티어링 휘일 n. (자동차의) 핸들
　　□ power steering 파워 스티어링 n. 파워 핸들

□ automatic 어-터매틱 n. 자동 변속기, 오토매틱 자동차

I can only drive an automatic.
아이 캔 오운리 드라이 번 어-터매틱
오토매틱으로만 운전할 수 있어요.

□ gear 기어 n. (변속) 기어 v. 기어를 넣다

□ step on 스텝 언 밟다

□ accelerator 억쎌러레이터 n. 액셀러레이터
　　□ step on the accelerator 스텝 언 디 억쎌러레이터 액셀러레이터를 밟다
　　□ release the accelerator 릴리-(ㅅ) 디 억쎌러레이터
　　　　액셀러레이터에서 발을 떼다

□ clutch 클러취 n. 클러치
　　□ step on the clutch 스텝 언 더 클러취 클러치를 밟다
　　□ release the clutch 릴리-(ㅅ) 더 클러취 클러치에서 발을 떼다

□ stop 스탑 v. 멈추다, 정지하다

□ brake 브레익 n. 브레이크 v. 브레이크를 걸어 정지시키다

    □ hand brake 핸(드) 브레익 n. 핸드 브레이크

    = emergency brake 이머-전씨 브레익

    □ step on the brake 스텝 언 더 브레익 브레이크를 밟다

    □ jam on the brakes 잼 언 더 브레익(ㅅ) 급브레이크를 밟다

    □ ease off the brakes 이- 저-(ㅍ) 더 브레익(ㅅ) 브레이크를 풀다

□ hood 훗 n. (자동차의) 보닛

    = bonnet 바닛

tip. hood는 미국에서,
bonnet은 영국에서 씁니다.

□ trunk 츠렁(ㅋ) n. (자동차 후부의) 트렁크

□ headlight 헤(드)라잇 n. 헤드라이트

□ turn signal 터언 식녈 n. 방향지시등

□ hazard lights 해저(드) 라잇(ㅊ) 비상등

    □ turn on hazard lights 터언 언 해저(드) 라잇(ㅊ) 비상등을 켜다

□ honk 항(ㅋ) n. 자동차의 경적 소리 v. 경적을 울리다

    □ horn 허언 n. 경적

□ rearview mirror 리어뷰- 미러 n. 룸미러

    □ side-view mirror 사이(드)뷰- 미러 사이드 미러

□ wiper 와이퍼 n. 와이퍼

□ seat belt 시잇 벨(ㅌ) n. 안전벨트

    Fasten your seat belt.
    패슨 유어 시잇 벨(ㅌ)
    안전벨트를 매도록 해.

□ bumper 범퍼 n. 범퍼

    = fender 펜더

□ license plate 라이쓴(ㅅ) 플레잇 n. (자동차의) 번호판　**tip.** 미국에서는 주마다 각기 다른 자동차 번호판이 있는데, 각 주의 애칭으로 장식을 하고, 개인적으로 의미 있는 숫자나 글자로 만듭니다.

□ wheel 휘일 n. (타이어 부분을 포함한, 차량의) 바퀴
　　□ rim 림 n. 타이어 휠
　　□ tire 타이어 n. 타이어(고무 부분)　　**tip.** 영국에서는 tyre라고 씁니다.
　　□ pump up a tire 펌 펍 어 타이어 타이어에 바람을 넣다
　　□ snow tire 스노우 타이어 스노우 타이어
　　□ spare tire 스패어 타이어 스페어 타이어

　　Would you check my tires?
　　우 쥬 첵 마이 타이어(ㅅ)?
　　타이어 점검해 주세요.

□ puncture 펑춰 v. (타이어가) 펑크가 나다
　　= go flat 고우 플랫
　　□ flat tire 플랫 타이어 n. 펑크 난 타이어　　**tip.** 지루한 사람이나 인기 없는 여자를 가리키는 속어로 쓰이기도 합니다.

□ the road traffic law 더 로웃 츠래픽 러– 도로교통법

□ violation 바이어레이션 n. 위반
　　□ traffic violation 츠래픽 바이어레이션 교통 위반
　　□ parking violation 파–킹 바이어레이션 주차 위반
　　□ speeding 스피–딩 n. 속도위반

□ fine 파인 n. 벌금
　　= penalty 페널티

　　How much is the fine?
　　하우 머취 이즈 더 파인
　　벌금은 얼마인가요?

□ drunk driving 드렁(ㅋ) 드라이빙 n. 음주 운전
　　□ breathalyzer 브레썰라이저 n. 음주측정기
　　= drunkometer 드렁카머터

□ traffic light 츠래픽 라잇 n. 교통 신호등

260

□ sign 사인 n. 표지판, 간판
　　□ traffic sign 츠래픽 사인 교통 표지판
　　□ road sign 로웃 사인 도로 표지

□ one way 원 웨이 일방통행

□ pedestrian crossing 퍼데스츠리언 크러-싱 n. 횡단보도
　　□ (railway) crossing (레일웨이) 크러-싱 (철도의) 건널목
　　□ jaywalk 제이워억 v. 무단 횡단하다

　　You shouldn't jaywalk.
　　유 슈든(ㅌ) 제이웍
　　무단 횡단을 하면 안 됩니다.

□ speed 스피잇 n. 속도 v. 속도를 빠르게 하다
　　□ regulation speed 레귤레이션 스피잇 규정 속도

□ hurry 허리 n. 서두르기, 허둥대기 v. 서두르다
　　□ in a hurry 인 어 허리 서둘러, 급히

□ fast 패슷 a. 빠른

□ slow 슬로우 a. 느린
　　□ slowly 슬로우리 adv. 천천히, 느리게

□ driver 드라이버 n. 운전자, 운전기사

□ pedestrian 퍼데스츠리언 n. 보행자
　　= walker 워-커

□ the last stop 더 래슷 스탑 종점

□ gas station 개(ㅅ) 스테이션 n. 주유소

　　Is there a gas station around here?
　　이즈 데어 어 개(ㅅ) 스테이션 어라운(ㄷ) 히어?
　　이 근처에 주유소가 있나요?

□ fill up 필 업 (차에) 가득 주유하다
    □ gasoline 개설리인 n. 휘발유, 가솔린
    = gas 개(ㅅ)
    □ diesel 디-절 n. 경유, 디젤
    □ natural gas 내처럴 개(ㅅ) n. 천연가스

    Fill it up, please.
    필 잇 업, 플리-(ㅈ)
    기름 가득 채워 주세요.

□ liter 리-터 n. (용량의 단위) 리터 •   → **tip.** 영국에서는 litre라고 씁니다.
    □ quantity 쿠안터티 n. 양(量)

□ wash a car 워쉬 어 카- 세차하다
    □ car wash 카- 워쉬 n. 세차, 세차장

□ park 파악 v. 주차하다
    □ parking lot 파-킹 랏 n. 주차장
    □ free parking 프리- 파-킹 무료 주차장
    □ pay parking 페이 파-킹 유료 주차장
    □ parking space 파-킹 스페이(ㅆ) n. 주차하는 자리, 주차하는 공간
    □ no-parking area 노우파-킹 에어리어 주차 금지 구역

    Where is the parking lot?
    웨어 이즈 더 파-킹 랏?
    주차장은 어디에 있나요?

□ traffic congestion 츠래픽 컨제스천 교통 혼잡, 교통 체증
    = traffic jam 츠래픽 잼

□ U-turn 유-터언 n. 유(U)턴 v. 유(U)턴하다
    □ turn left 터언 레풋 좌회전하다
    □ turn right 터언 라잇 우회전하다

□ driver's license 드라이버(ㅅ) 라이쓴(ㅅ) 운전면허증
    □ driving test 드라이빙 테슷 운전면허 시험

□ **road** 로웃 n. 도로, 길 •———→ **tip.** road는 도시와 도시를 연결하는 길,
    □ **street** 스츠리잇 n. 길, 거리   street은 시내의 거리를 말합니다.
    □ **lane** 레인 n. 차선, 차로
    □ **the center line** 더 쎈터 라인 중앙선
    □ **intersection** 인터섹션 n. 교차로, (주요 도로와의) 교차점

□ **highway** 하이웨이 n. 고속도로 •———→ **tip.** highway는 도시와 도시를 연결하는 도로를,
    = **expressway** 익스프레(ㅅ)웨이   expressway는 도시 안이나 도시 주변의
    □ **side road** 사이(ㄷ) 로웃 갓길   고속도로를 가리킵니다.

□ **sidewalk** 사이(ㄷ)워억 n. 인도, 보도

□ **tunnel** 터늘 n. 터널

21. 교통 위반

꼭! 써먹는 **실전 회화**

Police Officer Hello. May I see your driver's license?
헬로우. 메이 아이 시- 유어 드라이버(ㅅ) 라이쓴(ㅅ)?
안녕하세요. 운전면허증을 보여 주세요.

Tom Why? Was I driving too fast?
와이? 워즈 아이 드라이빙 투- 패슷?
왜요? 제가 너무 빠르게 갔나요?

Police Officer No, you didn't stop for the stop sign.
노우, 유 디든(ㅌ) 스탑 퍼 더 스탑 사인
아니요. 정지 신호에서 멈추지 않으셨습니다.

Tom Sorry, I didn't see it. Are you going to give me a ticket?
서-리, 아이 디든(ㅌ) 시-. 아- 유 고우잉 투 기(ㅂ) 미 어 티킷?
죄송합니다. 못 봤어요. 딱지를 끊나요?

Police Officer Yes, it's a 100 dollar fine.
예스, 잇 처 원 헌드렛 달러 파인
네, 100달러의 벌금이 있습니다.

숙박 Accommodations 어카머데이션(ㅅ)

□ accommodation 어카머데이션
   n. 숙소, 숙박 시설

□ hotel 호우텔
   n. 호텔

□ motel 모우텔
   n. 모텔

□ inn 인
   n. 여관, 호텔

□ reception desk 리쎕션 데슥
= front desk 프런(ㅌ) 데슥
   n. (호텔의) 프런트

□ room service 루움 서–비(ㅆ)
   n. 룸서비스

□ reserve 리저–(ㅂ)
= book 북 v. 예약하다

□ reservation 레저베이션
= booking 부킹 n. 예약

□ cancel 캔썰
   v. 취소하다

□ check in 첵 인
   v. 체크인하다, 투숙 수속을 밟다

□ check-in 체킨 n. 체크인

□ check out 첵 아웃
   v. 체크아웃하다, 퇴실 수속을 밟다

□ check-out 체카웃 n. 체크아웃

□ single room 싱글 루움 n. 싱글룸

□ twin room 트윈 루움 n. 트윈룸

□ double room 더블 루움 n. 더블룸

□ suite 스윗 n. 스위트룸

□ equipment 이쿠입먼(ㅌ) n. 설비, 기구

□ facility 퍼씰러티 n. 설비, 시설

□ heating 히-팅 n. 난방 장치

□ air conditioning 에어 컨디셔닝
냉방 장치, 에어컨, 공기 조절 장치

□ ventilation 벤터레이션
n. 통풍, 환기

□ maid 메잇
n. 메이드, 청소부

□ doorman 더-먼 n. 도어맨

□ bellhop 벨합 n. 벨보이
= bellboy 벨버이

□ restroom 레슷루움
n. 화장실

□ laundry room 러언드리 루움
n. 세탁실

□ safe 세이(ㅍ)
n. 금고

□ breakfast voucher 브렉퍼슷 바우처
조식 쿠폰

265

□ clean 클리인
　a. 깨끗한, 청결한

□ dirty 더-티
　a. 더러운, 지저분한

□ balcony 밸커니
　n. 발코니

□ terrace 테러(ㅆ)
　n. 테라스

□ view 뷰- n. 전망

□ view of the ocean
　뷰- 어(ㅂ) 디 오우션
　바다 전망

□ beach umbrella 비-취 엄브렐러
비치파라솔

□ pool 푸울
　n. 수영장

□ charge 차-쥐 n. 요금, 경비

□ price 프라이(ㅆ) n. 가격, 대가

□ cost 커-슷 n. 비용 v. 비용이 들다

□ pay 페이
　v. 지불하다

266

□ bedding 베딩 n. 침구류

□ sheet 쉬잇 n. (침대) 시트

□ blanket 블랭킷
n. 담요

□ pillow 필로우
n. 베개

□ towel 타우얼
n. 수건

□ shampoo 샴푸–
n. 샴푸

□ rinse 린(ㅅ)
n. 린스

□ soap 소웁
n. 비누

□ body soap 바디 소웁
바디 비누

□ toothbrush 투–쓰브러쉬
n. 칫솔

□ toothpaste 투–쓰페이숫
n. 치약

□ comb 코움
n. 빗

□ hair drier 헤어 드라이어
= hair dryer 헤어 드라이어
n. 헤어 드라이기

□ razor 레이저
= shaver 쉐이버
n. 면도기

□ toilet paper
터일럿 페이퍼
n. 화장지

□ tissue 티슈–
n. 티슈

267

☐ **stay** 스테이 v. 머무르다, 체류하다

☐ **accommodation** 어카머데이션 n. 숙소, 숙박 시설 ⤳

tip. 방, 침대 이외에 식사, 오락 시설도
포함한 것을 말합니다.

☐ **residence** 레지던(ㅆ) n. 거처, 거주

☐ **home** 호움 n. 집, 가정 ⟶ **tip.** '가족'에 중점을 두어 그들이 거주하는 공간을 의미합니다.

☐ **house** 하우(ㅅ) n. 집, 가옥

☐ **hotel** 호우텔 n. 호텔

I need information on local hotels.
아이 니잇 인퍼메이션 언 로우컬 호우텔(ㅅ)
이 지역의 호텔 정보를 알고 싶어요.

☐ **motel** 모우텔 n. 모텔(주차장이 객실 가까이 있는 자동차 여행자용 호텔)

☐ **inn** 인 n. 여관, 호텔 ⤳ **tip.** 보통 시골에 있는 작은 숙박 시설을 가리키지만, 서비스를 간략화한
크고 근대적인 호텔을 가리키는 말로 쓰이기도 합니다.

☐ **youth hostel** 유–쓰 하스틀 유스 호스텔

☐ **dormitory** 더–머터–리 n. 공동 침실, 도미토리

☐ **guesthouse** 게슷하우(ㅅ) n. 게스트 하우스(저렴하게 숙박할 수 있는 시설)

☐ **reception desk** 리쎕션 데슥 n. (호텔의) 프런트
= **front desk** 프런(ㅌ) 데슥

☐ **hotel lobby** 호우텔 라비 호텔 로비

☐ **reserve** 리저–(ㅂ) v. 예약하다
= **book** 북
☐ **make a reservation** 메익 어 레저베이션 예약하다
= **have a reservation** 해 버 레저베이션
☐ **reservation** 레저베이션 n. 예약
= **booking** 부킹

I'd like to book a room.
아이(ㄷ) 라익 투 북 어 루움
예약을 하고 싶습니다.

I'd like to make a reservation for 2 nights next week.
아이(ㄷ) 라익 투 메익 어 레저베이션 퍼 투- 나잇(ㅊ) 넥슷 위익
다음 주에 2박을 예약하고 싶습니다.

□ cancel 캔쓸 v. 취소하다

Cancel my reservation, please.
캔쓸 마이 레저베이션, 플리-(ㅈ)
예약을 취소해 주세요.

□ booked up 북 텁 예약이 꽉 찬
  = full 풀

I'm sorry we're all booked up.
아임 서-리 위어 어얼 북 텁
죄송하지만, 방이 만원입니다.

□ check in 첵 인 v. 체크인하다, 투숙 수속을 밟다
  □ check-in 체킨 n. 체크인

Check in, please.
첵 인, 플리-(ㅈ)
체크인을 부탁합니다.

□ check out 첵 아웃 v. 체크아웃하다, 퇴실 수속을 밟다
  □ check-out 체카웃 n. 체크아웃

□ single room 싱글 루움 n. 싱글룸
  □ double room 더블 루움 n. 더블룸
  □ twin room 트윈 루움 n. 트윈룸
  □ suite 스윗 n. 스위트룸

I'd like a single room with a bath.
아이(ㄷ) 라익 어 싱글 루움 윗 어 배쓰
욕실이 있는 싱글룸으로 부탁합니다.

tip. 호텔 방은 형태에 따라 주로
싱글룸(1인용 침대가 놓인 1인용 객실),
더블룸(킹 또는 퀸 사이즈의 더블 침대가
놓인 객실로, 더블 침대를 2명이 사용할 경우
세미 더블룸이라고 함),
트윈룸(싱글 침대 두 개가 놓인 2인용 객실),
스위트룸(침실과 응접실이 포함된 특실)으로
나뉩니다.

□ **room service** 루움 서-비(씨) n. 룸서비스

I never ordered any room service.
아이 네버 어-더(ㄷ) 애니 루움 서-비(씨)
저는 룸서비스를 시키지 않았는데요.

□ **complain** 컴플레인 v. 불평하다, 투덜대다

□ **equipment** 이쿠입먼(ㅌ) n. 설비, 기구
   □ **facility** 퍼씰러티 n. 설비, 시설

□ **heating** 히-팅 n. 난방 장치

□ **air conditioning** 에어 컨디셔닝 냉방 장치, 에어컨, 공기 조절 장치

□ **ventilation** 벤티레이션 n. 통풍, 환기

□ **maid** 메잇 n. 메이드, 청소부

□ **doorman** 더-먼 n. 도어맨
   □ **bellhop** 벨합 n. 벨보이
   = **bellboy** 벨버이

□ **restroom** 레슷루움 n. 화장실

□ **laundry room** 러언드리 루움 n. 세탁실

□ **minibar** 미니바- n. 미니바

□ **safe** 세이(ㅍ) n. 금고

Could I leave some of my valuables in the hotel safe?
쿠 다이 리-(ㅂ) 섬 어(ㅂ) 마이 밸류어블 신 더 호우텔 세이(ㅍ)?
귀중품을 호텔 금고에 보관할 수 있습니까?

□ **restaurant** 레스터런(ㅌ) n. 음식점, 식당

□ **breakfast voucher** 브렉퍼슷 바우처 조식 쿠폰

□ wireless Internet 와이어리(스) 인터-넷 무선 인터넷
　　　□ free Internet 프리- 인터- 넷 무료 인터넷

□ clean 클리인 a. 깨끗한, 청결한

□ dirty 더-티 a. 더러운, 지저분한

□ comfortable 컴퍼터블 a. 편안한, 안락한
　　　□ uncomfortable 언컴퍼터블 a. 불편한

□ balcony 밸커니 n. 발코니

□ terrace 테러(ㅆ) n. 테라스

□ view 뷰- n. 전망
　　　□ view of the ocean 뷰- 어(ㅂ) 디 오우션 바다 전망
　　　□ view of the city 뷰- 어(ㅂ) 더 씨티 시내 전망

I'd like a room with a view of the ocean.
아이(ㄷ) 라익 어 루움 윗 어 뷰- 어(ㅂ) 디 오우션
바다가 보이는 방으로 부탁합니다.

□ beach umbrella 비-취 엄브렐러 비치파라솔

□ pool 푸울 n. 수영장

□ charge 차-쥐 n. 요금, 경비
　　　□ price 프라이(ㅆ) n. 가격, 대가
　　　□ cost 커-슷 n. 비용 v. 비용이 들다

tip. charge는 서비스 행위에 대한 가격,
price는 물건의 가격,
cost는 물건이나 봉사 등의 취득으로
인해 지불되는 대가를 의미합니다.

What is this charge?
왓 이즈 디스 차-쥐?
이 항목은 무슨 요금입니까?

□ total amount 토우틀 어마운(ㅌ) 전액 요금
　　　□ discount charge 디스카운(ㅌ) 차-쥐 할인 요금
　　　□ extra charge 엑스츠러 차-쥐 추가 요금

271

□ pay 페이 v. 지불하다

□ addition 어디션 n. 추가

□ tax 택(ㅅ) n. 세금
   □ tax-free 택(ㅅ) 프리– a. 면세의

□ night 나잇 n. 밤

   For how many nights?   →   **tip.** 우리말의 '2박 3일'이라는 표현은
   퍼 하우 메니 나잇(ㅊ)?   three days and two nights라고 합니다.
   며칠 묵으실 겁니까?

□ bedding 베딩 n. 침구류
   □ sheet 쉬잇 n. (침대) 시트
   □ blanket 블랭킷 n. 담요
   □ pillow 필로우 n. 베개

□ amenity 어메너티 n. 편의시설, 호텔의 서비스용품 ↘

□ towel 타우얼 n. 수건

   tip. 손님의 편의를 꾀하고 좋은 서비스를 제공하기
      위해 호텔에서 객실 등에 무료로 준비해 놓은
      각종 소모품 및 서비스용품을 지칭합니다.
      복수형으로 쓰입니다.

□ shampoo 샴푸– n. 샴푸
   □ rinse 린(ㅅ) n. 린스

□ soap 소웁 n. 비누
   □ body soap 바디 소웁 바디 비누

□ shower cap 샤워 캡 n. 샤워용 (비닐) 모자

□ toothbrush 투–쓰브러쉬 n. 칫솔

□ toothpaste 투–쓰페이슷 n. 치약

□ comb 코움 n. 빗

□ hair drier 헤어 드라이어 n. 헤어 드라이기
　= hair dryer 헤어 드라이어

□ razor 레이저 n. 면도기
　= shaver 쉐이버

□ shave 쉐이(ㅂ) v. 면도하다
　= get a shave 겟 어 쉐이(ㅂ)

□ iron 아이언 n. 다리미

□ toilet paper 터일럿 페이퍼 n. 화장지

□ tissue 티슈- n. 티슈

□ napkin 냅킨 n. 냅킨

22. 숙소 예약

꼭! 써먹는 **실전 회화**

Anna　Have you booked the hotel?
　　　해 뷰 북(ㅌ) 더 호우텔
　　　호텔 예약했니?

Tom　I haven't found a good hotel yet.
　　　아이 해븐(ㅌ) 파운 더 굿 호우텔 옛
　　　아직 좋은 호텔을 발견하지 못했어.

Anna　Check the reviews from some hotel booking websites.
　　　첵 더 리뷰-(ㅅ) 프럼 섬 호우텔 부킹 웹사이(ㅊ)
　　　몇몇 호텔 예약 웹사이트에서 평가들을 읽어 봐.

Tom　That's a good idea. Thank you.
　　　댓 처 굿 아이디-어. 쌩 큐
　　　그거 좋은 생각이네. 고마워.

관광 Tourism 투어리즘

□ **tour** 투어
n. 관광 v. 여행하다

□ **trip** 츠립
n. 여행

□ **tourism** 투어리즘
n. 관광, 여행

□ **travel** 츠래벌
n. 여행 v. 여행하다

□ **sightseeing** 사잇시–잉
n. 관광, 구경 a. 관광의

□ **journey** 저–니
n. 여행

□ **tourist information office**
투어리슷 인퍼메이션 어–피(ㅆ)
관광 안내소

□ **guide** 가이(ㄷ)
n. 안내인, 가이드
v. 안내하다

□ **map** 맵
n. 지도

□ **tourist** 투어리슷
= **traveler** 츠래블러
n. 관광객

□ **visitor** 비지터
= **guest** 게슷
n. 방문객, 손님

274

□ scenery 시-너리
　　n. 풍경, 경치

□ landmark 랜(ㄷ)마-악
　　n. 표지물

□ exhibition 엑시비션
　　n. 전시, 전시회

□ opening time 오우퍼닝 타임
　　문 여는 시간

□ closing time 클로우징 타임
　　문 닫는 시간

□ plaza 플라-저
= square 스쿠에어
　　n. 광장

□ park 파-(ㅋ)
　　n. 공원

□ zoo 주-
　　n. 동물원

□ botanical gardens
　　버태니컬 가-든(ㅅ)
　　식물원

□ amusement park
　　어뮤-즈먼(ㅌ) 파-(ㅋ)
　　놀이공원

□ palace 팰리(ㅆ)
　　n. 궁전

275

□ **individual** 인디비쥬얼
　　n. 개인

□ **group** 그루웁
　　n. 단체

□ **route** 루웃
　　n. 경로, 노정

□ **cruise** 크루-(ㅈ)
　　n. 크루즈, 순항

□ **city** 씨티
　　n. 시, 도시

□ **province** 프라빈(ㅆ)
　　n. 지방

□ **countryside** 컨츄리사이(ㄷ)
　　n. 시골

□ **mountain** 마운튼 n. 산

□ **hill** 힐 n. 언덕, 작은 산

□ **valley** 밸리
　　n. 계곡, 골짜기

□ **river** 리버 n. 강

□ **stream** 스츠리임 n. 시내, 개울

□ **lake** 레익 n. 호수, 연못

□ **pond** 판(ㄷ) n. 연못

□ sea 시–
n. 바다

□ beach 비–취
n. 해변, 바닷가

□ enter 엔터 v. 들어가다

□ entrance 엔츠런(ㅆ) n. 입구

□ go out 고우 아웃 나가다

□ exit 엑짓 n. 출구

□ destination 데스티네이션
n. 목적지, 행선지

□ street 스츠리잇 n. 길, 거리

□ avenue 애버뉴– n. 대로, 큰길

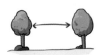

□ distance 디스턴(ㅆ) n. 거리, 간격

□ far 파– a. 먼

□ near 니어 a. 가까운
= close 클로우(ㅅ)

□ take a picture 테익 어 픽춰
사진을 찍다

□ selfie 셀피
n. 셀프 카메라

□ souvenir 수–버니어
n. 기념품

□ present 프레즌(ㅌ) n. 선물
= gift 기픗

277

□ **tour** 투어 n. 관광 v. 여행하다

  □ **tourism** 투어리즘 n. 관광, 여행(특히 관광 여행을 가리킴)

  □ **trip** 츠립 n. 여행

  □ **travel** 츠래벌 n. 여행 v. 여행하다

  □ **journey** 저–니 n. 여행

  tip. trip은 tour보다 짧고, 기간이 명확한 왕복 여행을, travel은 일주나 관광을 포함한 여행이며, journey는 상당 기간에 걸친 원거리 육로 여행을 가리킵니다.

□ **sightseeing** 사잇시–잉 n. 관광, 구경 a. 관광의

  I'm here just for sightseeing.
  아임 히어 저슷 퍼 사잇시–잉
  관광차 왔습니다.

□ **tourist information office** 투어리슷 인퍼메이션 어–피(씨) 관광 안내소

  Where is the tourist information office?
  웨어 이즈 더 투어리슷 인퍼메이션 어–피(씨)?
  관광 안내소는 어디에 있나요?

□ **inform** 인퍼엄 v. 정보를 제공하다

  □ **information** 인퍼메이션 n. 정보

  I need information on local hotels.
  아이 니잇 인퍼메이션 언 로우컬 호우텔(ㅅ)
  이 지역의 호텔 정보를 알고 싶은데요.

□ **guide** 가이(ㄷ) n. 안내인, 가이드 v. 안내하다

□ **map** 맵 n. 지도

  Could you draw me a map?
  쿠 쥬 드러– 미 어 맵?
  약도를 좀 그려 주시겠습니까?

□ **tourist** 투어리슷 n. 관광객

  = **traveler** 츠래블러

  □ **visitor** 비지터 n. 방문객, 손님

  = **guest** 게슷

□ scenery 시-너리 n. 풍경, 경치

□ monument 마뉴먼(트) n. 기념물, 유적

□ memorial 머머-리얼 n. 기념관, 기념물, 기념비

□ landmark 랜(드)마-악 n. 표지물

> tip. 어떤 지역을 식별하는 목표물로서 적당한 사물을 말하는데,
> 예를 들면 N서울타워나 숭례문, 자유의 여신상, 타워브릿지, 에펠탑 등이 있습니다.

□ building 빌딩 n. 건물, 빌딩
 □ skyscraper 스카이스크레입퍼 n. 초고층 빌딩, 마천루
 □ tower 타우어 n. 탑, (탑 모양의) 고층 건물

□ castle 캐슬 n. 성, 대저택

□ cathedral 커씨-드럴 n. 대성당

□ temple 템플 n. 사원, 절

□ museum 뮤-지-엄 n. 박물관, 미술관
 □ gallery 갤러리 n. 미술관, 갤러리
 □ theater 씨-어터 n. 극장, 영화관 → tip. theatre라고 쓰기도 합니다.
 □ exhibition 엑시비션 n. 전시, 전시회
 □ work 워-(ㅋ) n. 작품

Which way do I go to get to the National Gallery?
위취 웨이 두 아이 고우 투 더 겟 투 더 내셔널 갤러리?
국립미술관으로 가려면 어느 쪽으로 가야 하나요?

□ opening time 오우퍼닝 타임 문 여는 시간 → tip. 표지판 등에는 opening[closing] hour라고 써 있습니다.
 □ closing time 클로우징 타임 문 닫는 시간

□ plaza 플라-저 n. 광장
 = square 스쿠에어

□ park 파-(ㅋ) n. 공원
    □ zoo 주- n. 동물원
    □ botanical gardens 버태니컬 가-든(ㅅ) 식물원
    □ amusement park 어뮤-즈먼(ㅌ) 파-(ㅋ) 놀이공원

    Do you like going to amusement parks?
    두 유 라익 고우잉 투 어뮤-즈먼(ㅌ) 파악(ㅅ)?
    놀이공원에 가는 거 좋아하세요?

□ palace 팰리(ㅆ) n. 궁전
    □ king 킹 n. 왕
    □ queen 쿠인 n. 여왕
    □ prince 프린(ㅆ) n. 왕자
    □ princess 프린쎄(ㅅ) n. 공주

□ popular 파퓰러 a. 인기 있는

□ famous 페이머(ㅅ) a. 유명한, 잘 알려진   **tip.** '많은 사람들에게 널리 알려진'이라는 좋은 의미로 쓰입니다.

□ celebrated 쎌러브레이팃 a. 유명한, 저명한
    □ celebrity 쎌러브러티 n. 유명인   **tip.** 상을 받거나 업적이 탁월하여 잘 알려진 사람이나 사물에 대하여 씁니다.

□ distinguished 디스팅구이싯 a. 저명한, 뛰어난

□ eminent 에미넌(ㅌ) a. 저명한, 탁월한   **tip.** distinguished는 우수함이 인정되어 존경을 받을 정도로 저명하다는 뜻이고, eminent는 전문 분야에서 남보다 뛰어나서 유명하다는 의미입니다.

□ impressive 임프레시(ㅂ) a. 인상적인

□ majestic 머제스틱 a. 위엄 있는, 장엄한

□ historical 히스터-리컬 a. 역사의, 역사적인

□ commercial 커머-셜 a. 상업적인

□ cruise 크루-(ㅈ) n. 크루즈, 순항

☐ **individual** 인디비쥬얼 n. 개인

☐ **group** 그루웁 n. 단체

    Do you have a group discount?
    두 유 해 버 그루웁 디스카운(ㅌ)?
    단체 할인이 되나요?

☐ **route** 루웃 n. 경로, 노정

☐ **half-day tour** 하(ㅍ)데이 투어 반나절 투어
    ☐ **full-day tour** 풀데이 투어 종일 투어

☐ **recommend** 레커멘(ㄷ) v. 추천하다

    Can you recommend some interesting places around here?
    캔 유 레커멘(ㄷ) 섬 인터레스팅 플레이씨 서라운(ㄷ) 히어?
    부근에 가 볼만한 명소를 추천해 주시겠습니까?

☐ **province** 프라빈(ㅆ) n. 지방   → **tip.** 대도시 외의 지역을 의미합니다.
    ☐ **countryside** 컨츄리사이(ㄷ) n. 시골

☐ **city** 씨티 n. 시, 도시

☐ **town** 타운 n. 마을, (소)도시   → **tip.** town은 city보다 작고 village보다 큰
    = **village** 빌리쥐   행정구역을 말합니다.

    May I have a map of this town?
    메이 아이 해 버 맵 어(ㅂ) 디스 타운?
    이 도시의 지도를 한 장 부탁합니다.

☐ **mountain** 마운튼 n. 산
    ☐ **hill** 힐 n. 언덕, 작은 산
    ☐ **valley** 밸리 n. 계곡, 골짜기

☐ **river** 리버 n. 강
    ☐ **stream** 스츠리임 n. 시내, 개울 → **tip.** stream은 river 다음으로 작은
    ☐ **lake** 레익 n. 호수, 연못   중간 정도의 강을 말합니다.
    ☐ **pond** 판(ㄷ) n. 연못

□ **sea** 시- n. 바다
  □ **beach** 비-취 n. 해변, 바닷가

□ **enter** 엔터 v. 들어가다
  □ **entrance** 엔츠런(ㅆ) n. 입구
  □ **admission ticket** 앳미션 티킷 입장권
  □ **entrance fee** 엔츠랜(ㅆ) 피- 입장료
  = **admission fee** 앳미션 피-

  tip. fee는 입장료나 회비 등의 요금, fare는 교통수단의 요금, price는 물건의 가격을 가리킵니다.

  How much is the admission fee?
  하우 머취 이즈 디 앳미션 피-?
  입장료는 얼마인가요?

□ **go out** 고우 아웃 나가다
  □ **exit** 엑짓 n. 출구 ●━━━━→ **tip.** 사람에 따라 [엑싯]이라고 발음하기도 합니다.

  Where is the exit?
  웨어 이즈 디 엑짓?
  출구는 어디인가요?

□ **destination** 데스티네이션 n. 목적지, 행선지

□ **street** 스츠리잇 n. 길, 거리

□ **avenue** 애버뉴- n. 대로, 큰길

  tip. 미국 뉴욕에서는 남북으로 뻗은 도로를 Avenue, 동서로 뻗은 도로를 Street이라고 합니다.

□ **distance** 디스턴(ㅆ) n. 거리, 간격
  □ **far** 파- a. 먼
  □ **near** 니어 a. 가까운
  = **close** 클로우(ㅅ)

  Is it far from here?
  이즈 잇 파- 프럼 히어?
  여기에서 멀어요?

□ take a picture 테익 어 픽춰 사진을 찍다
　　□ selfie 셀피 n. 셀프 카메라

　　Take a picture, quick!
　　테익 어 픽춰, 쿠익!
　　사진 좀 찍어 줘, 어서!

□ souvenir 수-버니어 n. 기념품
　　□ postcard 포우슷카-(ㄷ) n. 우편엽서
　　□ key ring 키- 링 n. 열쇠고리
　　□ specialty 스페셜티 n. 특산물

□ present 프레즌(ㅌ) n. 선물
　　= gift 기픗

23. 여행

　　tip. present는 친한 사이에서 주고받을 수 있는
　　　　비싸지 않은 선물을, gift은 격식을 차려서 주는
　　　　물건을 의미합니다.

꼭! 써먹는 **실전 회화**

Tom　　I'm going to travel to Vietnam.
아임 고우잉 투 츠래벌 투 비-엣나암
난 베트남으로 여행갈 거야.

Anna　　What will you do there?
왓 윌 유 두 데어?
거기에서 뭐 할 건데?

Tom　　I just want to relax, not go sightseeing.
아이 저슷 원(ㅌ) 투 리랙(ㅅ), 낫 고우 사잇시-잉
관광하지 않고 그냥 쉬고 싶어.

Anna　　Then I recommend you go to Da Nang.
It's quiet but very beautiful.
덴 아이 레커멘 쥬 고우 투 다-나앙. 잇(ㅊ) 쿠아이엇 벗 베리 뷰-터펄
그럼 다낭으로 가는 걸 추천할게. 거기는 조용하지만 매우 아름답거든.

사건&사고 Accidents 액시던(ㅊ)

□ hurt 허-(ㅌ)
　n. 상처
　a. 다친, 부상한
　v. 다치게 하다

□ agonize 애거나이(ㅈ)
　v. 몹시 괴로워하다, 번민하다

□ bone 보운
　n. 뼈

□ break a bone 브레익 어 보운
골절되다

□ burn 버언
　n. 화상

□ get burnt 겟 버언(ㅌ)
데다

□ frostbite 프러-슷바잇
　n. 동상

□ cut 컷
　v. ～을 베다, 자르다

□ blood 블럿
　n. 피

□ bleed 블리잇
　v. 출혈하다

284

□ urgent 어-전(ㅌ)
   a. 긴급한, 다급한

□ emergency 이머-전씨
   n. 응급, 긴급

□ first-aid kit 퍼-슷에잇 킷
   구급상자

□ heart attack 하- 터택
   n. 심장 마비

□ choke 초욱
   n. 질식
   v. 질식시키다

□ cure 큐어
   n. 치료
   v. 치료하다, 낫다

□ rescue 레스큐-
   n. 구조 v. 구조하다

□ ambulance 앰뷸런(씨)
   n. 구급차

□ CPR 씨-피-아알
   심폐소생술

□ fainting 페인팅 n. 기절, 실신

□ faint 페인(ㅌ) v. 기절하다, 실신하다

□ recover 리커버 v. 회복하다

□ recovery 리커버리 n. 회복

□ police 펄리-(ㅆ)
　　n. 경찰

□ police station 펄리-(ㅆ) 스테이션
　　n. 경찰서

□ witness 윗니(ㅅ)
　　n. 목격자

□ declare 디클레어
　　v. 신고하다, 선언하다

□ offense 어펜(ㅅ)
= crime 크라임
　　n. 범죄

□ guilt 길(ㅌ)
　　n. 죄, 유죄, 죄책감

□ criminal 크리미늘
　　n. 범인 a. 범죄의

□ steal 스티일
　　n. 도둑질 v. 도둑질하다, 훔치다

□ rob 랍 v. 훔치다, 강탈하다

□ robber 라버 n. 도둑, 강도

□ thief 씨-(ㅍ) n. 도둑

□ burglar 버-글러 n. 도둑, 강도

□ pickpocket 픽파킷
　　n. 소매치기
　　v. 소매치기하다

□ fraud 프러엇 n. 사기, 사기꾼

□ swindler 스윈들러 n. 사기꾼

□ trick 츠릭 v. 속이다, 기만하다

□ accident 액씨던(트)
  n. 사건, 사고

□ traffic accident 츠래픽 액씨던(트)
  교통사고

□ speeding 스피-딩
  n. 속도 위반, 과속

□ collision 컬리전 n. 충돌

□ clash 클래쉬
  n. 충돌
  v. 충돌하다, 부딪치다

□ tow truck 토우 츠럭
  n. 견인차

□ bump 범(ㅍ)
  n. (가벼운) 충돌
  v. ~에 쿵하고 부딪치다

□ fire 파이어
  n. 화재

□ explosion 익(ㅅ)플로우전
  n. 폭발

□ fire truck 파이어 츠럭
  n. 소방차

□ fire station 파이어 스테이션
  n. 소방서

287

□ hurt 허-(ㅌ) n. 상처 a. 다친, 부상한 v. 다치게 하다

It seems like he hurt his legs badly.
잇 시임(ㅅ) 라익 히 허-(ㅌ) 히스 렉(ㅅ) 뱃리
다리를 심하게 다친 것 같아요.

□ wound 우운(ㄷ) v. ~에 상처를 입히다 ●────────→ tip. 주로 수동태로 쓰입니다.
　　□ wounded 우운딧 a. 상처를 입은, 부상당한

□ injure 인줘 v. 상처를 입히다, 다치게 하다
　　□ injured 인줘(ㄷ) a. 상처를 입은, 다친

□ agonize 애거나이(ㅈ) v. 몹시 괴로워하다, 번민하다

□ bone 보운 n. 뼈
　　□ break a bone 브레익 어 보운 골절되다

□ burn 버언 n. 화상
　　□ get burnt 겟 버언(ㅌ) 데다

□ frostbite 프러-슷바잇 n. 동상

□ cut 컷 v. ~을 베다, 자르다

□ blood 블럿 n. 피
　　□ bleed 블리잇 v. 출혈하다
　　□ hemostasis 히-머스테이시(ㅅ) n. 지혈

□ urgent 어-전(ㅌ) a. 긴급한, 다급한

□ emergency 이머-전씨 n. 응급, 긴급

This is an emergency.
디스 이즈 언 이머-전씨
응급 상황이에요.

□ rescue 레스큐- n. 구조 v. 구조하다

□ **first aid** 퍼-슷 에잇 n. 응급 치료
　　□ **first-aid kit** 퍼-슷에잇 킷 구급상자

　We have to give first aid to him right now.
　위 해(ㅂ) 투 기(ㅂ) 퍼-슷 에잇 투 힘 라잇 나우
　우리는 당장 그에게 응급 처치를 해야 해.

□ **ambulance** 앰뷸런(씨) n. 구급차

　Could you send an ambulance?
　쿠 쥬 센 던 앰뷸런(씨)?
　구급차 좀 보내 주시겠어요?

□ **emergency room** 이머-전씨 루움 n. 응급실

　Where's the emergency room, please?
　웨어(ㅈ) 더 이머-전씨 루움, 플리-(ㅈ)?
　응급실이 어디죠?

□ **apoplexy** 애퍼플렉시 n. 뇌졸중

□ **epilepsy** 에퍼렙시 n. 간질

□ **convulsion** 컨벌션 n. 경련, 경기

□ **heart attack** 하- 터택 n. 심장 마비

□ **CPR** 씨-피-아알 심폐소생술 ➥ **tip.** cardiopulmonary resuscitation의 약자입니다.

□ **choke** 초욱 n. 질식 v. 질식시키다

□ **fainting** 페인팅 n. 기절, 실신
　　□ **faint** 페인(ㅌ) v. 기절하다, 실신하다

□ **cure** 큐어 n. 치료 v. 치료하다, 낫다

□ **recover** 리커버 v. 회복하다
　　□ **recovery** 리커버리 n. 회복

□ **police officer** 펄리-(ㅆ) 어-피쩌 n. 경찰관
　　□ **police station** 펄리-(ㅆ) 스테이션 n. 경찰서

　Where is the nearest police station?
　웨어 이즈 더 너어리숫 펄리-(ㅆ) 스테이션?
　여기에서 가장 가까운 경찰서가 어디인가요?

□ **state** 스테잇 v. ～을 분명히 말하다
　　□ **statement** 스테잇먼(ㅌ) n. 진술
　　□ **testimony** 테스터모우니 n. 증언
　　□ **evidence** 에비던(ㅆ) n. 증거

□ **witness** 윗니(ㅅ) n. 목격자

□ **report** 리퍼-(ㅌ) v. 알리다, 보고하다

□ **declare** 디클레어 v. 신고하다, 선언하다

□ **notice** 노우티(ㅆ) v. 통지하다, 알아차리다

□ **offense** 어펜(ㅅ) n. 범죄 ●———————→　**tip.** offense는 법률에 대한 위반을 뜻하지만
　= **crime** 크라임　　　　　　　　　　　　　반드시 중죄에만 쓰이지는 않습니다.
　　　　　　　　　　　　　　　　　　　　　　crime은 법률에 대한 중대한 위반으로
　　　　　　　　　　　　　　　　　　　　　　범죄를 가리킵니다.

□ **guilt** 길(ㅌ) n. 죄, 유죄, 죄책감
　　□ **criminal** 크리미늘 n. 범인 a. 범죄의
　　□ **suspect** 서스펙(ㅌ) n. 용의자

□ **sin** 신 n. 죄 v. 죄를 짓다

　tip. sin은 도덕적이거나 종교적인 계율에 대한 위반을 말하는데, 인간의 원죄(original sin)라는
　　　　기독교적 사상에 근거하여 서양에서는 죄라고 하면 흔히 sin을 떠올립니다.

□ **steal** 스티일 n. 도둑질 v. 도둑질하다, 훔치다

　He stole my purse.
　히 스토울 마이 퍼-(ㅅ)
　그가 제 지갑을 훔쳤습니다.

□ rob 랍 v. 훔치다, 강탈하다 ●————→

tip. steal과 rob은 모두 '훔치다'라는 뜻이지만,
'steal A(사물) from B(사람)',
'rob B(사람) of A (사물)' 형식으로,
어순과 쓰는 전치사의 차이가 있습니다.

  □ robber 라버 n. 도둑, 강도

  □ thief 씨-(ㅍ) n. 도둑

  □ burglar 버-글러 n. 도둑, 강도

  □ mugger 머거 n. 노상강도

  □ pickpocket 픽파킷 n. 소매치기 v. 소매치기하다

I was robbed of my purse.
아이 워즈 랍 터(ㅂ) 마이 퍼-(ㅅ)
제 지갑을 도난당했습니다.

tip. robber는 폭력으로 물건을 강탈하는 사람,
thief는 남몰래 재산을 훔치는 사람,
burglar는 집을 침입하는 도둑을 가리킵니다.

A thief broke into my house last night.
어 씨-(ㅍ) 브로욱 인터 마이 하우(ㅅ) 래슷 나잇
어젯밤에 우리 집에 도둑이 들었다.

That's a burglar alarm.
댓 처 버-글러 얼라암
그건 도난방지기예요.

Beware of pickpockets!
비웨어 어(ㅂ) 픽파킷(ㅊ)!
소매치기 주의!

□ fraud 프러엇 n. 사기, 사기꾼

  □ swindler 스윈들러 n. 사기꾼

  □ trick 츠릭 v. 속이다, 기만하다

□ concealment 컨씨일먼(ㅌ) n. 숨기기, 은닉

□ murder 머-더 n. 살인 v. 살해하다

  □ murderer 머-더러 n. 살인범

□ miss 미(ㅅ) v. 실종되다

  □ missing 미싱 a. 행방불명인, 실종된

  □ missing person 미싱 퍼-슨 행방불명자

  □ missing child 미싱 차일(ㄷ) 미아

  □ missing article 미싱 아-티클 분실물

☐ disappearance 디서피-어런(ㅆ) n. 실종, 소멸

☐ loss 러-(ㅅ) n. 분실, 빼앗김
    ☐ lost and found 러-슷 앤(ㄷ) 파운(ㄷ) 분실물 보관소

Where is the lost and found?
웨어 이즈 더 러-슷 앤(ㄷ) 파운-(ㄷ)?
분실물 보관소는 어디인가요?

☐ accident 액씨던(ㅌ) n. 사건, 사고
    ☐ traffic accident 츠래픽 액씨던(ㅌ) 교통사고
    ☐ car accident 카- 액씨던(ㅌ) 자동차 사고

When did the traffic accident happen?
웬 딧 더 츠래픽 액씨던(ㅌ) 해뻰?
그 교통사고는 언제 일어난 거죠?

☐ speeding 스피-딩 n. 속도 위반, 과속
    ☐ exceed the speed 익씨잇 더 스피잇 제한 속도를 초과하다

☐ collision 컬리전 n. 충돌
    ☐ clash 클래쉬 n. 충돌 v. 충돌하다, 부딪치다
    ☐ bump 범(ㅍ) n. (가벼운) 충돌 v. ~에 쿵하고 부딪치다

☐ tow truck 토우 츠럭 n. 견인차

☐ slide 슬라이(ㄷ) n. 미끄러지기 v. 미끄러지다
    ☐ slip 슬립 v. 미끄러지다
    ☐ ice 아이(ㅆ) n. 빙판

I slipped on the stairs.
아이 슬립 턴 더 스테어(ㅅ)
계단에서 미끄러졌어.

☐ drown 드라운 v. 익사하다
    ☐ drowning 드라우닝 n. 익사

☐ lifeguard 라이(ㅍ)가-(ㄷ) n. 인명 구조원

□ explosion 익(ㅅ)플로우젼 n. 폭발

□ fire 파이어 n. 화재
    □ fire truck 파이어 츠럭 n. 소방차 •————→ **tip.** 영국에서는
    □ fire station 파이어 스테이션 n. 소방서   fire engine이라고 합니다.

□ disaster 디재스터 n. 천재지변, 재난
    □ natural disaster 내처럴 디재스터 자연재해

□ avalanche 애벌랜취 n. 눈사태

□ landslide 랜(ㄷ)슬라이(ㄷ) n. 산사태

□ earthquake 어-쓰쿠에익 n. 지진

□ tsunami 추나-미 n. 해일, 쓰나미

24. 미아 신고

꼭! 써먹는 **실전 회화**

Jane   Please help me.
           My son is missing!
           플리-(ㅈ) 헬(ㅍ) 미. 마이 선 이즈 미싱!
           제발 도와주세요. 제 아들이 없어졌어요!

Police Officer What does he look like?
           왓 더즈 히 룩 라익?
           아드님이 어떻게 생겼죠?

Jane   He's 7 years old, has brown hair and was wearing
           a red jacket.
           히(ㅈ) 세븐 이어 서울(ㄷ), 해즈 브라운 헤어 앤(ㄷ) 워즈 웨어링 어 렛 재킷
           7살이고, 갈색 머리에 빨간색 재킷을 입고 있어요.

Police Officer Don't worry ma'am. We will find him.
           도운(ㅌ) 워-리 맴. 위 윌 파인(ㄷ) 힘
           걱정 마세요 아주머니. 저희가 찾아드릴게요.

Exercise

다음 단어를 읽고 맞는 뜻과 연결하세요.

1. accident	•	• 관광
2. accommodation	•	• 교통
3. car	•	• 기차, 열차
4. drive	•	• 비행기
5. emergency	•	• 사건, 사고
6. information	•	• 숙박
7. map	•	• 여행
8. plane	•	• 운전하다
9. tour	•	• 응급, 긴급
10. train	•	• 자동차
11. transportation	•	• 정보
12. travel	•	• 지도

1. accident – 사건, 사고 2. accommodation – 숙박 3. car – 자동차 4. drive – 운전하다
5. emergency – 응급, 긴급 6. information – 정보 7. map – 지도 8. plane – 비행기
9. tour – 관광 10. train – 기차, 열차 11. transportation – 교통 12. travel – 여행

Chapter 7

기타

숫자 Numbers 넘버(ㅅ)

■ **number** 넘버 n. 수, 숫자

■ **simple number** 심플 넘버 기수

tip. Unit 25에 나오는 숫자들의 품사는 한정사, 명사, 수사, 형용사 등 여러 가지로 보는 관점이 있습니다.

- □ 0, **zero** 지어로우 영, 공
- □ 1, **one** 원 일, 하나
- □ 2, **two** 투– 이, 둘
- □ 3, **three** 쓰리– 삼, 셋
- □ 4, **four** 퍼– 사, 넷
- □ 5, **five** 파이(ㅂ) 오, 다섯
- □ 6, **six** 식(ㅅ) 육, 여섯
- □ 7, **seven** 세븐 칠, 일곱
- □ 8, **eight** 에잇 팔, 여덟
- □ 9, **nine** 나인 구, 아홉
- □ 10, **ten** 텐 십, 열
- □ 11, **eleven** 일레븐 십일, 열하나
- □ 12, **twelve** 트웰(ㅂ) 십이, 열둘
- □ 13, **thirteen** 써–티인 십삼, 열셋
- □ 14, **fourteen** 퍼–티인 십사, 열넷
- □ 15, **fifteen** 핍티인 십오, 열다섯
- □ 16, **sixteen** 식(ㅅ)티인 십육, 열여섯
- □ 17, **seventeen** 세븐티인 십칠, 열일곱
- □ 18, **eighteen** 에이티인 십팔, 열여덟
- □ 19, **nineteen** 나인티인 십구, 열아홉
- □ 20, **twenty** 트웬티 이십, 스물

- □ 21, **twenty-one** 트웬티원 이십일, 스물하나
- □ 22, **twenty-two** 트웬티투– 이십이, 스물둘
- □ 23, **twenty-three** 트웬티쓰리– 이십삼, 스물셋
- □ 24, **twenty-four** 트웬티퍼– 이십사, 스물넷
- □ 25, **twenty-five** 트웬티파이(ㅂ) 이십오, 스물다섯
- □ 26, **twenty-six** 트웬티식(ㅅ) 이십육, 스물여섯
- □ 27, **twenty-seven** 트웬티세븐 이십칠, 스물일곱
- □ 28, **twenty-eight** 트웬티에잇 이십팔, 스물여덟
- □ 29, **twenty-nine** 트웬티나인 이십구, 스물아홉

□ 30, thirty 써-티 삼십, 서른

□ 40, forty 퍼-티 사십, 마흔

□ 50, fifty 핍티 오십, 쉰

□ 60, sixty 식(ㅅ)티 육십, 예순

□ 70, seventy 세븐티 칠십, 일흔

□ 80, eighty 에이티 팔십, 여든

□ 90, ninety 나인티 구십, 아흔

□ 100, hundred 헌(ㄷ)렛 백 •———————→ **tip.** 백 단위 뒤에 숫자가 이어질 때,
영국에서는 and를 넣지만,
미국에서는 보통 and를 생략합니다.

□ 1,000, thousand 싸우전(ㄷ) 천

□ 10,000, ten thousand 텐 싸우전(ㄷ) 만

□ 100,000, hundred thousand 헌(ㄷ)렛 싸우전(ㄷ) 십만

□ 1,000,000, million 밀련 백만

□ 10,000,000, ten million 텐 밀련 천만

□ 100,000,000, hundred million 헌(ㄷ)렛 밀련 억

□ 1,000,000,000, billion 빌련 십억

□ zillion 질련 n. 수 천억(이라는 큰 수), 엄청난 수 a. 수 천억이라는

tip. 영어 숫자 읽는 법
hundred, thousand, million 등은 앞에 수사가 오면 뒤에 s를 붙이지 않습니다.
단, 막연한 숫자를 나타낼 때는 s를 붙일 수 있습니다.
낮은 자리에서부터 세 자리씩 끊어서 읽고, 세 자리마다 그 끝자리의 단위를 붙입니다.

· two hundred (○) · two hundreds (×)

· 1,234 one thousand, two hundred thirty-four
원 싸우전(ㄷ), 투- 헌(ㄷ)렛 써-티퍼-

· 12,345 twelve thousand, three hundred forty-five
트웰(ㅂ) 싸우전(ㄷ), 쓰리- 헌(ㄷ)렛 퍼-티파이(ㅂ)

■ ordinal number 어-더늘 넘버 서수

tip. 서수 앞에는 the를 붙여야 합니다.
'첫 번째'는 1st, '두 번째'는 2nd, '세 번째'는 3rd, '네 번째'부터는 숫자 뒤에 th를 붙여서 표현합니다.
20 이후 단자리 숫자에 1, 2, 3이 붙을 경우에도 같은 형식으로 표현합니다.

□ 1st, first 퍼-숫 첫 번째의 　　　　□ 11th, eleventh 일레븐쓰 열한 번째의

□ 2nd, second 세컨(ㄷ) 두 번째의 　　□ 12th, twelfth 트웰(ㅍ)쓰 열두 번째의

□ 3rd, third 써-(ㄷ) 세 번째의 　　　□ 13th, thirteenth 써-티인쓰 열세 번째의

□ 4th, fourth 퍼-쓰 네 번째의 　　　□ 14th, fourteenth 퍼-티인쓰 열네 번째의

□ 5th, fifth 핍쓰 다섯 번째의 　　　□ 15th, fifteenth 핍티인쓰 열다섯 번째의

□ 6th, sixth 식스쓰 여섯 번째의 　　□ 16th, sixteenth 식(ㅅ)티인쓰 열여섯 번째의

□ 7th, seventh 세븐쓰 일곱 번째의 　□ 17th, seventeenth 세븐티인쓰 열일곱 번째의

□ 8th, eighth 에잇쓰 여덟 번째의 　　□ 18th, eighteenth 에이티인쓰 열여덟 번째의

□ 9th, ninth 나인쓰 아홉 번째의 　　□ 19th, nineteenth 나인티인쓰 열아홉 번째의

□ 10th, tenth 텐쓰 열 번째의 　　　□ 20th, twentieth 트웬티어쓰 스무 번째의

□ 21st, twenty-first 트웬티퍼-숫 스물한 번째의

□ 22nd, twenty-second 트웬티세컨(ㄷ) 스물두 번째의

□ 23rd, twenty-third 트웬티써-(ㄷ) 스물세 번째의

□ 24th, twenty-fourth 트웬티퍼-쓰 스물네 번째의

□ 30th, thirtieth 써-티어쓰 서른 번째의

□ 40th, fortieth 퍼-티어쓰 마흔 번째의

□ 50th, fiftieth 핍티어쓰 쉰 번째의

□ 60th, sixtieth 식(ㅅ)티어쓰 예순 번째의

□ 70th, seventieth 세븐티어쓰 일흔 번째의

□ 80th, eightieth 에이티어쓰 여든 번째의

□ 90th, ninetieth 나인티어쓰 아흔 번째의

□ 100th, hundredth 헌(ㄷ)렛쓰 백 번째의

달러 Dollars 달러(ㅅ) **tip.** 흔히 '달러'라고 하면 미국의 달러인 'US달러'를 말하며, 기호는 $입니다.

tip. 미국은 지역마다 특색 있는 디자인의 동전이 통용되기도 하며, 물론 전국에서 사용하기에 문제는 없습니다.

tip. 1달러는 지폐와 동전 모두 있지만, 미국에서는 지폐를 선호합니다.

☐ 1 cent 원 센(ㅌ) 1센트
= 1 penny 원 페니

☐ 1 dollar 원 달러 1달러

☐ 5 cents 파이(ㅂ) 센(ㅊ) 5센트
= 1 nickel 원 니클

☐ 2 dollars 투 달러(ㅅ) 2달러

☐ 10 cents 텐 센(ㅊ) 10센트
= 1 dime 원 다임

☐ 5 dollars 파이(ㅂ) 달러(ㅅ) 5달러

☐ 25 cents 트웬티파이(ㅂ) 센(ㅊ) 25센트
= 1 quarter 원 쿠애터

☐ 10 dollars 텐 달러(ㅅ) 10달러

☐ 20 dollars 트웬티 달러(ㅅ) 20달러

☐ 50 dollars 핍티 달러(ㅅ) 50달러

☐ 50 cents 핍티 센(ㅊ) 50센트

☐ 100 dollars 원 헌(ㄷ)렛 달러(ㅅ) 100달러

모양 Shapes 쉐입(ㅅ)

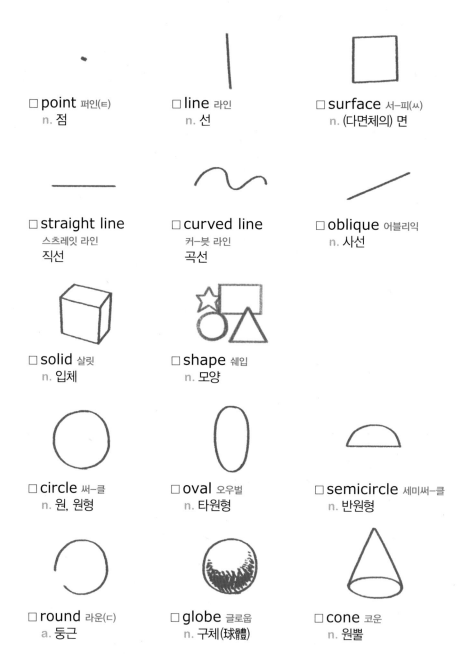

□ **point** 퍼인(ㅌ)
n. 점

□ **line** 라인
n. 선

□ **surface** 서–피(ㅆ)
n. (다면체의) 면

□ **straight line**
스츠레잇 라인
직선

□ **curved line**
커–븟 라인
곡선

□ **oblique** 어블리익
n. 사선

□ **solid** 살릿
n. 입체

□ **shape** 쉐입
n. 모양

□ **circle** 써–클
n. 원, 원형

□ **oval** 오우벌
n. 타원형

□ **semicircle** 세미써–클
n. 반원형

□ **round** 라운(ㄷ)
a. 둥근

□ **globe** 글로웁
n. 구체(球體)

□ **cone** 코운
n. 원뿔

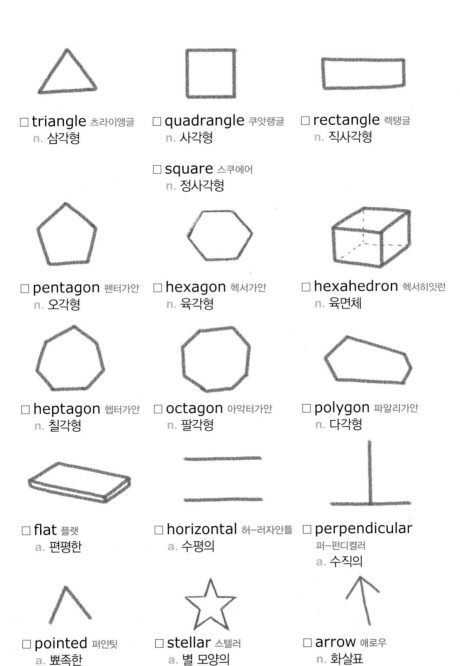

□ **triangle** 츠라이앵글
n. 삼각형

□ **quadrangle** 쿠앗랭글
n. 사각형

□ **rectangle** 렉탱글
n. 직사각형

□ **square** 스쿠에어
n. 정사각형

□ **pentagon** 펜터가안
n. 오각형

□ **hexagon** 헥서가안
n. 육각형

□ **hexahedron** 헥서히잇런
n. 육면체

□ **heptagon** 헵터가안
n. 칠각형

□ **octagon** 아악터가안
n. 팔각형

□ **polygon** 파알리가안
n. 다각형

□ **flat** 플랫
a. 편평한

□ **horizontal** 허-러자안틀
a. 수평의

□ **perpendicular**
퍼-펀디켤러
a. 수직의

□ **pointed** 퍼인팃
a. 뾰족한

□ **stellar** 스텔러
a. 별 모양의

□ **arrow** 애로우
n. 화살표

301

색깔 Color 컬러

□ **white** 화잇
n. 흰색

□ **black** 블랙
n. 검은색

□ **gray** 그레이
n. 회색

□ **red** 렛
n. 빨간색

□ **orange** 어-린쥐
n. 주황색

□ **yellow** 옐로우
n. 노란색

□ **yellowish green**
옐로우이쉬 그리인
n. 연두색

□ **green** 그리인
n. 초록색

□ **sky blue** 스카이 블루-
n. 하늘색

□ **blue** 블루-
n. 파란색

□ **indigo** 인디고우
n. 남색

□ **violet** 바이얼릿
　n. 보라색

□ **purple** 퍼-플
　n. 보라색, 자주색

□ **lavender** 래번더
= **light purple** 라잇 퍼-플
　n. 연보라색

□ **pink** 핑(ㅋ)
　n. 분홍색

□ **brown** 브라운
　n. 갈색

□ **khaki** 캐키
　n. 카키색

□ **gold** 고울(ㄷ)
　n. 금색

□ **silver** 실버
　n. 은색

□ **dark** 다-(ㅋ)
= **rich** 리취
= **deep** 디입
　a. (빛깔이) 짙은

□ **light** 라잇
= **pale** 페일
　a. (빛깔이) 옅은

□ **multicolored** 멀티컬럿
　a. 다색의, 다채로운

□ **monochrome** 모노크로움
　a. 단색의

303

위치 Position 퍼지션

□ **top** 탑
　n. 맨 위

□ **on** 언
　prep. 위에

□ **over** 오우버
　prep. ~보다 위에
　(대상물과 접촉되어 있거나
　그 위쪽 전반을 나타냄)

□ **above** 어버(ㅂ)
　prep. ~보다 위에
　(대상물과 접촉하지 않고
　바로 위나 위쪽을 가리킴)

□ **bottom** 바텀
　n. 바닥, 최저부

□ **down** 다운
　prep. 아래

□ **under** 언더
　prep. ~보다 아래에
　(수직으로 바로 밑에)

□ **below** 빌로우
　prep. ~보다 아래에
　(어떤 것보다 낮은 위치)

□ **beneath** 비니-쓰
　prep. ~보다 낮은 곳에

□ **in front of** 인 프런 터(ㅂ)
　prep. ~의 앞에

□ **behind** 비하인(ㄷ)
　prep. ~의 뒤에

□ **out** 아웃
　prep. ~의 밖에

□ **in** 인
　prep. ~의 안에

□ **beside** 비사이(ㄷ)
　prep. ~의 옆에

304

□ **among** 어멍
prep. ~의 사이에
(동질적인 것에 둘러싸인다는
의미로, 복수 집합 명사를 수반)

□ **between** 빗위인
prep. ~의 사이에

□ **across** 어크러-(ㅅ)
prep. ~을 건너서

□ **to** 투
prep. ~(으)로

□ **toward** 터워엇
prep. ~을 향하여
(반드시 목적지에의 도착을
뜻하지는 않음)

□ **through** 쓰루-
prep. ~을 통과하여

Unit 30.   **MP3. U30**

방향 Direction 디렉션

tip. '동서남북'을 영어로 말할 때 순서는
'북남동서'로 'north, south,
east and west'입니다.

□ **north** 너-쓰
n. 북쪽

□ **northwest** 너-쓰웨슷
n. 북서쪽

□ **northeast** 너-씨-슷
n. 북동쪽

□ **west** 웨슷
n. 서쪽

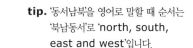

□ **east** 이-슷
n. 동쪽

□ **southwest** 사우쓰웨슷
n. 남서쪽

□ **southeast** 사우씨-슷
n. 남동쪽

□ **south** 사우쓰
n. 남쪽

305

⑨ 북극

④ 유럽

① 북아메리카

⑦ 아시아

⑤ 중동

② 중앙아메리카

⑥ 아프리카

③ 남아메리카

⑧ 오세아니아

⑩ 남극

① **North America** 너–쓰 어메리커 북아메리카

② **Central America** 쎈츠럴 어메리커 중앙아메리카

③ **South America** 사우쓰 어메리커 남아메리카

④ **Europe** 유어럽 n. 유럽

⑤ **Middle East** 미들 이–슷 중동

⑥ **Africa** 애프리커 n. 아프리카

⑦ **Asia** 에이져 n. 아시아

⑧ **Oceania** 오우쉬아–녀 n. 오세아니아

⑨ **North Pole** 너–쓰 포울 북극

⑩ **South Pole** 사우쓰 포울 남극

tip. 중앙아메리카와 남아메리카 지역 중
과거 라틴 민족의 지배를 받았던 지역을
라틴아메리카라고도 부르는데,
'중남미'와 거의 유사한 의미로 통용됩니다.

306

④ 북극해
⑥ 지중해
② 대서양
① 태평양
① 태평양
③ 인도양
⑤ 남극해

① Pacific Ocean 퍼시픽 오우션 태평양

② Atlantic Ocean 애틀랜틱 오우션 대서양

③ Indian Ocean 인디언 오우션 인도양

④ Arctic Ocean 아악틱 오우션 북극해

⑤ Antarctic Ocean 앤타악틱 오우션 남극해

⑥ Mediterranean Sea 메디터레이니언 시- 지중해

국가 Nations 네이션(ㅅ)

■ North America 너-쓰 어메리커 북아메리카

□ America 어메리커 n. 미국
= the United of States of America 디 유나이팃 스테잇 처(ㅂ) 어메리커
□ American 어메리컨 n. 미국 사람 a. 미국의

□ Canada 캐너더 n. 캐나다
□ Canadian 커네이니언 n. 캐나다 사람 a. 캐나다의

□ Cuba 큐-버 n. 쿠바
□ Cuban 큐-번 n. 쿠바 사람 a. 쿠바의

□ Mexico 멕시코우 n. 멕시코
□ Mexican 멕시컨 n. 멕시코 사람 a. 멕시코의

■ Latin America 래틴 어메리커 중남미, 라틴아메리카

□ Argentina 아-젠티-너 n. 아르헨티나
□ Argentine 아-젠틴 n. 아르헨티나 사람 a. 아르헨티나의

□ Brazil 브러질 n. 브라질
□ Brazilian 브러질련 n. 브라질 사람 a. 브라질의

□ Chile 칠리 n. 칠레
□ Chilean 칠련 n. 칠레 사람 a. 칠레의

□ Colombia 컬럼비어 n. 콜롬비아
□ Colombian 컬럼비언 n. 콜롬비아 사람 a. 콜롬비아의

□ Dominican Republic 더미니컨 리퍼블릭 n. 도미니카 공화국
□ Dominican 더미니컨 n. 도미니카 사람 a. 도미니카의

□ Ecuador 에쿠아더– n. 에콰도르
　　□ Ecuadorian 에쿠아더–리언 n. 에콰도르 사람 a. 에콰도르의

□ Guatemala 과–터말–러 n. 과테말라
　　□ Guatemalan 과–터말–런 n. 과테말라 사람 a. 과테말라의

□ Peru 퍼루– n. 페루
　　□ Peruvian 퍼루–비언 n. 페루 사람 a. 페루의

□ Uruguay 유어러과이 n. 우루과이
　　□ Uruguayan 유어러과이언 n. 우루과이 사람 a. 우루과이의

■ Europe 유어럽 n. 유럽

□ Austria 어스츠리어 n. 오스트리아
　　□ Austrian 어스츠리언 n. 오스트리아 사람 a. 오스트리아의

□ Belgium 벨점 n. 벨기에
　　□ Belgian 벨전 n. 벨기에 사람 a. 벨기에의

□ Denmark 덴마–(ㅋ) n. 덴마크
　　□ Dane 데인 n. 덴마크 사람 a. 덴마크의

□ England 잉글런(ㄷ) n. 영국
　　= the United Kingdom 디 유나이팃 킹덤
　　□ Englishman/Englishwoman 잉글리쉬먼/잉글리쉬우먼
　　　n. 영국 사람 a. 영국의
　　= British 브리티쉬

　　tip. the English라고 하면 '잉글랜드인들'이라는 뜻입니다.
　　　　스코틀랜드나 아일랜드까지 포함한 '영국 사람'은 the British라고 합니다.

□ Finland 핀런(ㄷ) n. 핀란드
　　□ Finn 핀 n. 핀란드 사람 a. 핀란드의

□ France 프랜(ㅆ) n. 프랑스
    □ French 프렌취 n. 프랑스 사람 a. 프랑스의

□ Germany 저-머니 n. 독일
    □ German 저-먼 n. 독일 사람 a. 독일의

□ Greece 그리-(ㅆ) n. 그리스
    □ Greek 그리익 n. 그리스 사람 a. 그리스의

□ Italy 이털리 n. 이탈리아
    □ Italian 이탤리언 n. 이탈리아 사람 a. 이탈리아의

□ the Netherlands 더 네더런(ㅈ) n. 네덜란드
    □ Dutchman/Dutchwoman 더취먼/더취우먼
        n. 네덜란드 사람 a. 네덜란드의

□ Norway 너-웨이 n. 노르웨이
    □ Norwegian 너-위-전 n. 노르웨이 사람 a. 노르웨이의

□ Poland 포우런(ㄷ) n. 폴란드
    □ Pole 포울 n. 폴란드 사람 a. 폴란드의

□ Romania 로우메이니어 n. 루마니아
    □ Romanian 로우메이니언 n. 루마니아 사람 a. 루마니아의

□ Russia 러시어 n. 러시아
    □ Russian 러시언 n. 러시아 사람 a. 러시아의

□ Spain 스페인 n. 스페인
    □ Spaniard 스패녀(ㄷ) n. 스페인 사람 a. 스페인의

□ Sweden 스위-든 n. 스웨덴
    □ Swede 스위-(ㄷ) n. 스웨덴 사람 a. 스웨덴의

□ Switzerland 스위처런(드) n. 스위스
　　□ Swiss 스위(ㅅ) n. 스위스 사람 a. 스위스의

□ Turkey 터-키 n. 튀르키예 (= Türkiye)

tip. 2022년 6월 유엔의 승인으로 터키의 국명이 튀르키예로 변경되었으나, 두 개 모두 통용되고 있습니다.

　　□ Turk 터억 n. 튀르키예 사람 a. 튀르키예의 (= Turkish)

■ Oceania 오우쉬아-녀 n. 오세아니아

□ Australia 어-스츠레일려 n. 호주
　　□ Australian 어-스츠레일련 n. 호주 사람 a. 호주의

□ New Zealand 누- 지일런(드) n. 뉴질랜드
　　□ New Zealander 누- 지일런더 n. 뉴질랜드 사람 a. 뉴질랜드의

■ Africa 애프리커 n. 아프리카

□ Egypt 이-집(트) n. 이집트
　　□ Egyptian 이집션 n. 이집트 사람 a. 이집트의

□ Morocco 머라-코우 n. 모로코
　　□ Moroccan 머라컨 n. 모로코 사람 a. 모로코의

□ Nigeria 나이지어리어 n. 나이지리아
　　□ Nigerian 나이지어리언 n. 나이지리아 사람 a. 나이지리아의

□ the Republic of South Africa 더 리퍼블릭 어(ㅂ) 사우쓰 애프리커
　　n. 남아프리카 공화국
　　□ South African 사우쓰 애프리컨 n. 남아공 사람 a. 남아공의

□ Sudan 수-댄 n. 수단
　　□ Sudanese 수-더니-(ㅈ) n. 수단 사람 a. 수단의

■ Asia 에이져 n. 아시아

□ China 차이너 n. 중국
　　□ Chinese 차이니-(ㅈ) n. 중국 사람 a. 중국의

□ India 인디어 n. 인도
　　□ Indian 인디언 n. 인도 사람 a. 인도의

□ Indonesia 인더니-져 n. 인도네시아
　　□ Indonesian 인더니-젼 n. 인도네시아 사람 a. 인도네시아의

□ Japan 저팬 n. 일본
　　□ Japanese 재퍼니(ㅈ) n. 일본 사람 a. 일본의

□ Korea 커리-어 n. 한국
　　□ Korean 커리-언 n. 한국 사람 a. 한국의
　　□ North Korea 너-쓰 커리-어 n. 북한
　　□ North Korean 너-쓰 커리-언 n. 북한 사람 a. 북한의
　　□ the Republic of Korea 더 리퍼블릭 어(ㅂ) 커리-어 n. 대한민국
　　□ South Korean 사우쓰 커리-언 n. 한국 사람 a. 한국의

□ Malaysia 멀레이져 n. 말레이시아
　　□ Malaysian 멀레이젼 n. 말레이시아 사람 a. 말레이시아의

□ the Philippines 더 필러피인(ㅅ) n. 필리핀
　　□ Filipino 필러피-노우 n. 필리핀 사람 a. 필리핀의

□ Singapore 싱거퍼- n. 싱가포르
　　□ Singaporean 싱거퍼-리언 n. 싱가포르 사람 a. 싱가포르의

□ Taiwan 타이와안 n. 대만
　　□ Taiwanese 타이와-니-(ㅈ) n. 대만 사람 a. 대만의

□ Thailand 타이랜(드) n. 태국
    □ Thai 타이 n. 태국 사람 a. 태국의

□ Vietnam 비-엣나암 n. 베트남
    □ Vietnamese 비엣너-미-(ㅈ) n. 베트남 사람 a. 베트남의

■ Middle East 미들 이-슷 중동

□ Iran 이랜 n. 이란
    □ Iranian 이레이니언 n. 이란 사람 a. 이란의

□ Iraq 이랙 n. 이라크
    □ Iraqi 이래키 n. 이라크 사람 a. 이라크의

□ Kuwait 쿠웨잇 n. 쿠웨이트
    □ Kuwaiti 쿠웨이티 n. 쿠웨이트 사람 a. 쿠웨이트의

□ Saudi Arabia 사우디 어레이비어 n. 사우디아라비아
    □ Saudi Arabian 사우디 어레이비언
     n. 사우디아라비아 사람 a. 사우디아라비아의

□ Syria 시리어 n. 시리아
    □ Syrian 시리언 n. 시리아 사람 a. 시리아의

□ United Arab Emirates 유나이팃 애럽 에머럿 n. 아랍에미리트 연합국
    □ Arabian 어레이비언 n. 아라비아 사람 a. 아라비아의 **tip.** 약자로 UAE나 U.A.E라고도 씁니다.

313

접속사 & 전치사 & 부사 Conjunctions, Prepositions & Adverbs
컨정(ㅋ)션(ㅅ), 프레퍼지션 샌(ㄷ) 앳버업(ㅅ)

1. 접속사 Conjunctions 컨정(ㅋ)션(ㅅ)

tip. 단어, 구, 절을 연결해 주는 역할을 하는 단어입니다.

□ and 앤(ㄷ) 그리고, ~과, ~하면서

□ but 벗 그러나, 하지만

□ so (that) 소우 댓 ~하기 위하여, 그러니까

□ or 어 ~ 또는 …

□ because 비커-(ㅈ) 왜냐하면, ~때문에

tip. 원인이나 이유를 나타낼 수 있는 as, since, for와 비교하면, because가 가장 직접적인 원인을 나타냅니다.

□ since 신(ㅆ) ~한 후에, ~한 이래 죽, ~이므로

□ for 퍼 왜냐하면 ~이므로

tip. 보충적으로 이유를 설명한다는 느낌입니다.

□ if 이(ㅍ) 만약 ~이라면

□ whether 훼더 ~인지 어떤지

□ that 댓 ~이라는 것, ~이므로

tip. 명사절, 부사절을 이끌면서 많은 역할을 하는 접속사입니다.

□ although 어얼도우 비록 ~일지라도

tip. though와 거의 같은 뜻이지만, although가 다소 문어적이며 격식적인 말입니다. 주로 문장 앞에 쓰입니다.

□ also 어얼소우 그리고 또한, 게다가

□ however 하우에버 어떤 식으로든지

□ yet 옛 그럼에도 불구하고, 그렇지만

tip. 상관접속사 구문입니다. 상관접속사란 둘 이상의 단어가 짝을 이루어 함께 쓰이는 접속사를 말합니다.

□ both ~ and … 보우쓰 ~ 앤(ㄷ) … ~과 … 둘 다

□ not only ~ but also … 낫 오운리 ~ 벗 얼소우 … ~ 뿐만 아니라 …도

□ either ~ or … 이-더 ~ 어 … ~이든 …이든 어느 한 쪽 ⟶ **tip.** 상관접속사 구문입니다.

□ neither ~ nor … 니-더 ~ 너 … ~도 아니고 …도 아니다 •

2. 전치사 Prepositions 프레퍼지션(ㅅ)

tip. 방향, 장소, 시간이나 소유 등의 관계를 설명해 주는 품사입니다.
전치사는 반드시 명사나 대명사 앞에 위치합니다. 다른 단어와 합쳐져 관용구로 많이 쓰이기 때문에
전치사만 따로 공부하기보다는 많이 쓰이는 상용구를 중심으로 학습하는 것이 좋습니다.

□ up 업 위쪽으로

□ down 다운 아래쪽으로

□ at 앳 ~에서 • ⟶ **tip.** 주로 at은 비교적 좁은 지점에,
in은 넓은 범위의 장소 앞에 쓰입니다.

□ in 인 안으로, 안에 •

□ into 인투 ~의 안으로 • ⟶ **tip.** 자음 앞에서는 [인터], 모음 앞에서는 [인투]로 발음합니다.
in은 정지하고 있는 사물의 위치를,
into는 안으로의 동작을 나타냅니다.

□ out 아웃 밖으로

□ on 언 ~위에

□ onto 아안터 ~의 위에

□ off 어-(ㅍ) 떨어져, 벗어나서

□ from 프럼 ~에서, ~부터 • ⟶ **tip.** 동사와 함께 오면 장소의 기점을 나타냅니다.

□ to 투 ~에, ~까지 • ⟶ **tip.** from A to B 구문으로 해서 'A로부터 B까지'라는 뜻으로
시간이나 장소 모두 사용할 수 있습니다.

□ over 오우버 ~너머로, ~에서 떨어져서 위에

□ for 퍼 ~을 위하여

□ against 어겐슷 ~에 반대하여, ~을 거슬러

□ by 바이 ~에 의하여, ~곁에서

□ near 니어 ~에 접근하여 ──────→ **tip.** 지명 앞에서는 near를 씁니다.

□ around 어라운(드) ~의 주위에

□ along 어러엉 ~을 따라

□ through 쓰루- ~을 통과하여

□ with 윗 ~과 함께

□ of 어(ㅂ) ~의, ~을

□ like 라익 ~과 같은 정도로, ~을 닮아

3. 부사 Adverbs 앳버업(ㅅ) ──────→ **tip.** 주로 '형용사+ly=부사'입니다.

□ very 베리 대단히, 매우

□ more 머- 더 많이

□ less 레(ㅅ) 더 적게

□ not 낫 ~아니다

□ never 네버 조금도 ~않다, 아니다

□ well 웰 잘, 훌륭하게

□ now 나우 지금, 이제

□ today 터데이 오늘 ●—————————→ **tip.** tomorrow, yesterday도 마찬가지로
명사뿐 아니라 부사로도 쓰입니다.

□ frequently 프리-쿠언틀리 자주, 빈번하게

□ late 레잇 늦게, 최근까지

□ lately 레잇리 요즘, 최근에

□ already 어얼레디 이미, 벌써

□ always 어얼웨이(ㅈ) 항상, 늘

□ maybe 메이비- 아마, 어쩌면

□ away 어웨이 떨어져, 떨어진 곳에서

□ yet 옛 아직

□ still 스틸 아직도, 여전히 ●—————————→ **tip.** still은 보통 긍정문에 씁니다.
부정문에서는 yet을 씁니다.

□ suddenly 서든리 갑자기

□ also 어얼소우 ~도 또한, 더욱이

□ before 비퍼- (공간) 앞에, (시간) 전에

C

334

336

338

341

Index. 찾아보기 – 알파벳순

343

353

W

Index. 찾아보기 – 알파벳순

etc.

371

ㅅ

411